青春美文精品集萃丛书·美好童心系列

童心是
妙趣横生的话语

《语文报》编写组　编

时代文艺出版社

图书在版编目（CIP）数据

童心是妙趣横生的话语 / 《语文报》编写组选编.
-- 长春：时代文艺出版社, 2021.6
（青春美文精品集萃丛书. 美好童心系列）
ISBN 978-7-5387-6771-1

Ⅰ. ①童… Ⅱ. ①语… Ⅲ. ①作文－中小学－选集
Ⅳ. ①H194.5

中国版本图书馆CIP数据核字(2021)第096469号

童心是妙趣横生的话语

TONGXIN SHI MIAOQU-HENGSHENG DE HUAYU

《语文报》编写组 选编

出 品 人：陈 琛
责任编辑：王金弋
装帧设计：任 奕
排版制作：隋淑凤

出版发行：时代文艺出版社
地　　址：长春市福祉大路5788号 龙腾国际大厦A座15层 （130118）
电　　话：0431-81629751（总编办） 0431-81629755（发行部）
网　　址：weibo.com/tlapress（官方微博） sdwycbsgf.tmall.com（天猫旗舰店）
开　　本：880mm×1230mm 1/32
字　　数：135千字
印　　张：7
印　　刷：三河市嵩川印刷有限公司
版　　次：2021年6月第1版
印　　次：2021年6月第1次印刷
定　　价：36.00元

图书如有印装错误　请寄回印厂调换

编　委　会

Contents
目　录

友情的天空

友情的天空　/　吴泽昕　002

墨韵春色　/　郑依鹤　004

树与路　/　宋文甜　006

因为爱　/　肖　艺　008

爷爷的变脸　/　汪志灵　010

又是一年中秋时　/　缪宇轩　013

人生舞台　/　冒博雯　016

电话那头的吻　/　吕金晶　018

成功的喜悦　/　谭子涵　020

"馒头"兄弟　/　桂周懿　022

我的自行车　/　王昊择　024

这也是一道风景　/　常子城　026

什么样的瓜最甜　/　张　敏　028

君子兰　/　王　坤　030

面包树　/　秦玉欣　032

学车记 / 陆川洋 034

小巷深处 / 陈晓凤 036

心有明镜 / 施天任 038

有一种快乐叫简单 / 张瑞瑞 040

妙趣横生的话语

记忆里的那个荷塘 / 李泽昕 044

点滴之功积浅成深 / 杨阳洋 047

爸爸的农场梦 / 杨 清 049

远亲不如近邻 / 徐铎胜 051

叫作"冷饮"的热奶茶 / 韩锦仪 053

端午粽飘香 / 丁 晨 055

听雨 / 牛体亮 057

我身边的吃货 / 王小雨 060

"微雷锋"寻访记 / 穆 阳 063

跟爸爸安空调 / 侯润泽 065

青春的舞步 / 陈丹丹 068

我的"大朋友" / 邓 骁 071

我与书的故事 / 付 炜 074

品味父爱 / 顾 涵 077

猫告诉我的 / 张 拉 079

尽孝莫等天 / 郑 琪 081

一起走过的日子

小小的一方田 / 李小朵 086

夏的印记 / 冯佳雯 088

一起走过的日子 / 方　倩 090

真情传递 / 张恒瑜 092

台头湾记趣 / 徐　龙 094

触摸春天 / 隋晓琳 097

夏日的暖风 / 叶　甜 099

阳光下的白孔雀 / 温　婉 101

桥 / 吴波涛 103

懂得责任 / 李丽雪 105

反哺 / 李立业 108

难忘日照游 / 刘　旭 110

脚尖踢出的深度 / 张泽西 113

寻摩诘之迹 / 张顶强 116

那一次，我真开心 / 邵逸铭 118

台阶 / 沈珺茹 121

慢下来的校园时光 / 谷冰洁 124

"绵盐"不咸 / 史国澳 126

童
心
是
妙
趣
横
生
的
话
语

快乐从哪里来

幸福 / 吴晨瑜 130

丹桂飘香 / 邱泽澜 132

快乐从哪里来 / 王音原 134

萤火虫公益行 / 王栋 137

静夜听雨 / 段嘉婷 140

感动 / 任昕一 142

幸福的蛀牙 / 王辉 144

就这样被美征服 / 周乐 147

愿作清风伴君旁 / 马静 149

你是我最美的遇见 / 周轶群 151

第一次看海 / 周伯仲 153

较真儿 / 常子超 155

台历 / 覃懿 158

距离 / 倪安 162

哆来咪 / 王世佳 166

骨折之后 / 邱晋戈 169

五彩缤纷的时光

陪伴 / 顾涵 172

房檐下的斑鸠窝 / 陈真 175

日落 / 白雨婷 178

两元钱 / 刘 浩 180

我的母亲 / 沈转安 182

家有小妹初长成 / 查睿姝 185

暖和的冬天 / 李丽雪 187

假如我是一盏灯 / 张涵之 189

春之歌 / 李毅然 191

对话 / 郑佳琪 193

我要发表作文 / 安书民 195

流泪的老奶奶 / 贾平安 197

妈妈的智慧 / 张振华 199

亮色 / 葛 畅 201

那把旧藤椅 / 张 莺 203

快乐就这么简单 / 朱妍玥 205

灰色里的五彩时光 / 胡怡蕾 207

你 / 王 恋 209

海洋危亡 / 朱宇韬 211

生命的坚持 / 金 玥 213

友情的天空

友情的天空

吴泽昕

天空灰蒙蒙的，大片大片的乌云不停地翻滚着，在瞬间压低，也把我的心压得喘不过气来。

我跟朋友炎吵架了，吵架的原因很简单，就因为课间时闹着玩，一不小心把她的绘画颜料洒了一地，向她说了"对不起"之后，她仍然不依不饶，说着说着两人就吵了起来，且越吵越严重。当她把颜料盒摔在地上，我转身离去的时候，我觉得我们的友谊就像秋天的花儿凋零了。

望着窗外令人压抑的天气，回想着刚才跟炎吵架的那一幕，越想越觉得气愤。她怎么会那么小气呢？不就是把颜料洒在地上了吗？至于吵成这样吗？关键时刻，友情真的如此脆弱？

我强撑着上完最后一节课。此时的窗外已经大雨瓢泼，突然想起了炎今天没有带伞。我便想到了一个好主意，背上书包抓起雨伞飞奔到楼下。果然，炎正站在门口焦急地张望着。我看好机会冲到她身边，一边撑开伞一边说："哎，下雨了。"见她还不过来，我继续说："看样子雨应该一时半会儿停不了的，没带伞的人真可怜啊！"趁她偷偷地向我瞥眼的工夫，我马上拉起她的手走出去，说："哎，免费搭人的，只搭好朋友啦。"看她还不理睬我，我便耍了个小伎俩，说："哎哟，腰疼啊！""怎么了？"看着她那关切的眼神，我知道她上当了，就说："吵架闪着腰了呗！""你，你敢骗我！"炎瞪圆了眼睛看着我。"哈哈哈哈……"四目对视的刹那，我俩同时笑出了声。

这时，雨停了，天空中的乌云渐渐地散开。太阳重新露出了笑脸。在夕阳的余晖中，我和炎肩并肩，走在回家的路上。

雨后的天空更加湛蓝，雨后的空气也更加清新怡人了。

墨 韵 春 色

郑依鹤

踏步青苔，撑一把油纸伞，迎细雨绵绵，方觉春近冬疏。

每到三月春初，总有丝丝细雨，若天女散花般洒落天际，仅留一片微湿。

我站在雨中，抬头仰望灰茫的天空，任凭细雨吻上脸庞……不知怎的，这干净纯粹的尤物，竟使我思绪豁然，抑不住那愉悦的漫游之感。

踩着浅浅的水痕，我来到近郊的田野。只见那翠绿的麦苗，齐刷刷地直立着，仿佛在迎接这轻盈的细雨。一阵微风袭过，只见那麦田蓦然成为绿色的海洋，随风激起的翠色浪花，仿佛在吟诵着激昂的生命之歌。

我沿着淡淡的车辙，漫步到田边的果园人家。那厚实的墙体，不知挡住了多少好奇的目光。可再严的墙，也圈不住那满园的春光。瞧，一棵不知名的树已悄悄地伸出了柔嫩的枝，娇嫩的花苞三三两两地挨在一起。

两三朵花开得正盛，雨丝淋湿了淡粉色的花瓣，凝成一颗颗晶莹的雨珠，顺着花瓣滑落。花朵仿佛被洗涤一般，显得分外妖娆。

不知何时，小雨已经停了。一轮红日不知何时已高悬天空。我不由地伸出手，竟天真地想去触碰阳光，却只有微风轻轻送来温润的雨气。

春，用自己的独特方式给予人关怀，令惬意自心底油然而生。

树 与 路

宋文甜

> 只有一条路不能选择，那就是放弃的路；只
> 有一条路不能拒绝，那就是成长的路。
>
> ——题记

"草在结它的种子，风在摇它的叶子，我们站着，不说话就十分美好。"站在原野上，蓦然想起这句话。满眼秋日的风光，所有的树都已经丰厚得不能再丰厚，下一步便是倾情的凋落了。天空中飞过许多鸟，擦过树的发梢。

一棵树站在原野上，安安静静地生长。风吹过，所有的叶子都飘扬起来，渐次随风，走向更远方的原野，而后归于泥土，了无痕迹。一棵树站在原野上，安安静静地生长。我想知道，它为什么这般安静，它为什么不拒绝这孤独的谢幕。当我静默地看向它时，它也静默着，原野也静

默着。

来年春天，我又站在这土地上。大地昂扬着一派生长的活力。那棵树站在原野上，又绿了起来。它吐芽，抽枝，生长。雨水打在它肩上，劲风掠过它的枝丫。我想知道，为什么它从不放弃。当我看向它时，便只是静默着，它也静默着，原野也静默着。

再看去，只觉得刚刚好。寂寞也刚刚好，孤独也刚刚好，生机也刚刚好。就该是这样，无所畏惧地生长，这般优雅，这般从容。

窗外梧桐正葱茏着。昨夜哭过的眼睛微肿，挫折又有什么可怕？该是无所畏惧地上路。

只有一条路不能选择，那就是放弃的路；只有一条路不能拒绝，那就是成长的路。

因 为 爱

——读《海的女儿》

肖 艺

　　小时候读《海的女儿》，认为小人鱼的行为太傻太天真，为了王子的爱，牺牲了自己美丽的歌喉，换来人的两条腿，可王子最后还是选择了别人。曾经我深深地诅咒王子永远也得不到幸福，但渐渐地我从书中读出了爱。原来真正的爱并不一定是"执子之手，与子偕老"的温暖的爱，也不一定是梁山伯与祝英台"化蝶"的凄美的爱。也可以是"你若安好，便是晴天"的沉默的爱。

　　每个读《海的女儿》的人，都会想到自己为了深爱的人可以付出一切，但我却坚持认为，小人鱼的爱，不仅仅是为了王子。

　　小人鱼一定是爱她自己的，不然她不会用自己的声音去换取了人的腿。于是她有了一双美丽的脚，虽然每走一步就像走在碎玻璃上一样疼痛。为了实现自己的理想，无论多么艰苦的道路她都能够挺过来。为了自己的目标，无论多么恐怖的海蛇她都不惧怕。这种爱像水晶一样珍贵透明。

小人鱼一定是爱家人的，不然她不会在临行前给正在睡梦中的父亲、老祖母、姐姐们一人一个深深的吻。但是后来，为什么在夜晚，她一个人坐在海边簌簌地流泪呢？她一定是在思念她的家人，但她的爱是无声的，是沉默的。

她一定是爱这个世界的，她拒绝了姐姐们用长发换来刺杀王子的匕首。因为她知道，假如她把王子杀掉了，那么会有另一个人和她一样痛苦。她宁愿牺牲自己，都不愿牺牲别人的幸福。她爱这个世界上一切善良的无辜的人。

小人鱼一定是爱光明的，否则她不会在自己的花圃里种了火红的如太阳般的花朵。她总爱在阳光下跳舞，即使每一步都如刀扎般痛苦。因为爱光明，她才向往浮到海面上，去看看这世界的风俗人情、绮丽妙景。因为爱光明，她最后化成了泡沫飘荡在天空中，在阳光的照耀下，闪闪发光。二百年后，她拥有了一个不死的灵魂。

小人鱼为什么要付出如此惨重的代价？她是为了自己心中的爱，爱的是自己，是家人，是光明，当然还有——王子。

爷爷的变脸

汪志灵

爷爷的脸很古怪：有时是黑色的，铁面无私；有时又是红色的，铜红发亮。然而这张脸最后却变成了白色的。当白布蒙上爷爷脸的时候，我哭了。生前，爷爷好喝两口老烧，喝得脖子上青筋暴起，大手一扬就要唱两嗓子。此时，我耳边似乎悠悠扬扬地响起了爷爷混沌、嘶哑的调子。我想起了爷爷的变脸。

红脸"关公"

团圆夜。大家一边吃一边聊天，吃的是热气腾腾。席间，爷爷坐在太师椅上，烧酒一口没动。爸爸用手捅了我一下，我一愣神儿，赶紧站起来敬爷爷酒。"爷爷，祝您高寿。"爷爷高兴地端起酒杯来。接着，表弟、堂妹都来敬酒，都说着祝福语。爷爷脸色渐渐红起来。他看看我们，喝一口，说一句："今年在洋房里过节，也好，也好。"说话的时候爷爷的眼睛似乎湿润起来。自从奶奶走后，他整个人都变得沉默了。

晚饭后，全家人待在客厅里，每人表演一个节目。轮到爷爷，爷爷想推辞，但还是清清嗓子，唱了起来。他唱着《智取威虎山》，兴致高时，还表演了甩鞭子！那时，我想爷爷找回了快乐。

黑脸"包公"

为了逗爷爷笑，撺掇他唱戏。我总是使尽花招，画花脸、翻跟头、扎马步，把以前从爷爷那儿学到的那一套再演一遍。爷爷一看到就哈哈大笑起来。

学校每个月都组织考试，前几次考试我都位居第一，有一次月考我的成绩却像滑滑梯一样下滑了一大截。我垂头丧气地拿着成绩单回家。这时，树是灰色的，天空也灰蒙蒙的。刚跨进家门半步，就被爷爷黑着的脸吓了一跳。只见他脸上暴出的青筋一跳一跳的，眼睛死死地盯着我。我欲逃，定是他知道了我的分数。

"你，你，你……"爷爷一激动，声音居然像京剧里的老生"呀呀呀"，我看到他仿佛举着花枪朝我挥来，却舍不得抢下。我被爷爷的样子惹得欲哭却笑。

白脸"黄公"

　　爷爷在村子里德高望重，毛笔字也写得漂亮。别人家有个纠纷，总爱找爷爷评理。不识字的人有个什么书信要回也找他。一次，乡长来我家，一进门，就叫"黄公，身体可好？"后来，我才知道爷爷当过兵，是某个首长的文书。

　　爷爷还喜欢种菜，院子里那一块自留地就是爷爷开发出来的。地里种着葱和大蒜，这都是爷爷亲自到菜市场选种，松土，施肥，精心培育出来的。爷爷不贪睡，每天一大早就来欣赏他的"战利品"，一边走一边哼着他的调调。"习天书，学兵法……犹如反……掌。"

　　这个冬天有点儿冷，白雪皑皑，覆盖了整个村庄，远处的山坡上一株雪梅赫然挺立，旁边多了一座坟墓。爷爷走了，白布盖在他脸上，如此安静、肃穆。

又是一年中秋时

缪宇轩

"明月几时有，把酒问青天，不知天上宫阙，今昔是何年……"又是一年中秋时。今年的中秋，又会是怎样的呢？

清晨，我早早地起床了。明媚的阳光普照大地，古色古香的瓦屋上攀爬的几根青碧的藤蔓格外惹眼，我站在小巷松软的泥土地上，大口地吃起了早饭。爷爷奶奶在家里忙得不亦乐乎，邻居们也忙出忙进的，整个小巷洋溢着一派热闹的景象。

奶奶麻利地把刚买回家的鲜藕浸在水盆中，放在阴凉的地方，之后，继续为中秋节做着准备。吃完了早饭，我沿着靠湖的窗子，登上了二楼卧室。晨风佛过，屋旁青碧的河水泛起一圈涟漪，温暖的阳光透过纱帘洒进房间，看着墙上的全家福，我突然感到百般无聊。

中秋时节正值丰收之际，爷爷奶奶很忙碌。这不，奶奶扯着大嗓门儿在楼下喊道："宇轩啊，你好好做作业，我们先去田里干活，等会儿回来做中饭！"我无精打采地答应了一声。掀开窗帘，向远处看去，黄绿相间的田地里，满眼都是忙碌的身影，伴着各种机械轰鸣的声响，一副欣欣向荣的情景。不少外地打工的人们也赶回来了，往来匆匆，一边大声地和乡亲们打招呼，一边隐藏不住脸上的喜悦。不一会儿，看到年迈的爷爷奶奶急促奔向田地的背影，那满头的白发、弓着的腰，使得我心里不由自主地涌上一股酸楚。

时光匆匆流逝，一转眼，就到了下午。夕阳西下，金色的光芒染亮了半边天，一片片金云撒娇般地围绕着夕阳，好像在热情挽留它似的。小巷充满了干活回家的人们的脚步声，欢笑声和车鸣声，汇成了一支欢乐的交响曲。慢慢地，东方一轮圆月的轮廓在空中浮现，夕阳也依依不舍地退去了，天色终于暗了。

夜幕降临了，一轮圆月高悬在天空，散发出温和的光芒，仿佛是一个温柔害羞的姑娘，在黑夜的衬托下，显得格外的明亮。忽然，一声声爆竹打断了我的沉思，各家各户都开始庆祝这一年一度的中秋了。在一楼客厅里，一个长凳上摆着各种各样的食品来"敬月亮"，有月饼、莲藕、苹果，还有今天刚煮的菱角……另外，还摆着三杯绿茶。爷爷站在门口，欣赏着天空中绚丽的烟花，喜气洋洋地对我说："宇轩，来，喝杯茶。"说着，便端起中间的那一碗递给我，我好奇地问道："为什么要喝呢？""中间的一碗是敬嫦娥的，你爸爸小时候啊，也是喝这一杯呢！"我似懂非懂地点了点头，仰头喝了下去，然后，默默地看着那轮皎洁的圆月。

看着，看着，我的眼神不禁迷离了，我仿佛看到了圆月里爸爸妈妈那熟悉的笑容，仿佛看到他们的眼神里充满着关怀。爸爸、妈妈，远方的你们，是否也在看着这轮圆月？是否也在思念着我？

人 生 舞 台

冒博雯

　　家，一个小小的人生舞台，每天都在上演着一幕幕人间喜剧，演绎着一段段咱老百姓自己的故事。

　　大清早，就听见老爸的歌声在飞。"星期天的早晨，我多么快活，带着月票上了汽车……"老爸唱歌，纯属自娱自乐，连业余歌手的水平也算不上。好在我们都很宽容，只要老爸高兴，唱就唱呗。还好，老爸唱歌家务两不误。把书桌和电脑擦拭干净，把洗好的衣服折叠整齐，用拖把把地板拖几个来回，把懒虫书桌上的东西整理整理，把餐桌上的碗筷洗涮洗涮……手指在飞，脚步在飞，拖把在飞，老爸的歌声也在飞。它们飞在每个星期天的早晨，飞成一只只快乐的小鸟，用婉转的歌喉，唱出普通人家的美好生活。

　　厨房里，老妈的铲勺在飞。要想赢得家人的心，先得管好家人的胃。老妈深谙此道，这不，蒸煮烹煎炸，十八般厨艺，样样精通。你看，老妈系着围裙，戴着袖套，红光满面。高压锅里，慢火炖着小米粥。灶台上，红烧鲫鱼，葱、生姜、辣椒，一样不缺。油、盐、醋、味精，一样不少。咸淡相宜，色香味俱全。一道农家美味很快隆重登场。别忙，且看老妈端下炒锅，换上平底不粘锅，再来一道拿手菜——煎荷包蛋。呵呵，老妈煎出来的荷包蛋，油油的，亮亮的，黄黄的，看着就让人流口水！每天，锅碗瓢盆交响曲，我家最美的音乐在飞，飞进了我的鼻孔，飞进了我的心里。书房里，我的思绪在飞。钻出温暖的被窝，吃完美味的早餐，我端坐在写字台前，开始了我忙碌而又充实的周末。写完作文，写日记；写完日记，写单词；写完单词，做几何；做完几何，做代数；做完代数，做物理；做完物理，背化学；背完化学，读历史；读完历史，读名著。读吧读吧，做吧做吧，背吧背吧。每一个周末，总是这样忙碌而充实，简单而快乐。坐久了，揉揉眼睛打个呵欠，伸伸胳膊扭扭腰，看看窗外的风景，对着院子里的那个老银杏树发一会儿呆。抑或走进卧室，看爸爸忙家务。走进厨房，看妈妈秀厨艺。任思绪飞扬，飞过高山，飞过海洋，飞向那浩渺的天空。

　　一件件小事加起来就是生活，一串串音符叠起来就是欢歌，点点滴滴的细节堆起来写满温馨。在生活的舞台上，让我们尽情地欢歌，尽情地舞蹈，舞出人生的精彩。

电话那头的吻

吕金晶

夜，很静谧，月儿已依偎在云中休息了，只有我还在灰暗的书桌旁独自沉思，梳理着这次月考辉煌之后的心绪。

电话铃突兀地响起，传来的是亲切而又有点儿陌生的声音："成绩都出来了吗？你那小骄傲的情绪是否又开始滋长了？"我有些小激动地细数着自己的"辉煌战果"。电话那头的母亲回应道："不错，有进步，没有让我失望，再接再厉……"听着听着，我不由自主地攥紧话筒，把它握得温热，想着这长长的电话线能否把我手掌的温度传递给远在他乡的妈妈。

"想要什么，你尽管说哦！老妈常年不在你身边，照应不上，这算是给你的补偿吧。"

我脑海刹那间闪过一连串的念头：挎包、小坤表、运动鞋……电话那头静得出奇，连妈妈呼吸的声音都清晰可闻。我微微张口，双唇一启一翕，说出了一直藏在心中难以启齿的一句话："我想要你一个吻！"没有由头地就有了这样的想法，虽然启齿的那一刻我感觉脸微微发烧。

一阵安静，没有一字一句传来。不知是几秒，十几秒，我感觉很漫长，几声笑语从话筒里流出，那笑声很温暖，很慈爱，"那好，请接住妈妈的吻！"

我恨不得把电话塞进耳朵里，来接受这穿越千山万水的细微的但又有些不可觉察的吻。我想此时的妈妈一定是双唇轻轻一抿，轻柔如月光般，温暖而又有一种幸福的安详在心头蔓延……此时我似乎已经感觉到了，额头上温润的一记吻，汇聚了母爱的吻。

放下电话，我嘴角漾着笑意，摸了摸额头，温乎乎的，还有滚烫的泪水。从小到大，一直是我和奶奶独守家中，那份苦楚，煎熬着我这颗幼小的思念之心。

记忆中有关母亲的事不多，儿时母亲就一直在外。我想一个女人为了生活，长年累月一直这么艰辛地奔波着，其中的苦楚只有她自己知道。但她对我的爱是那么深挚：每当我在学习上遭遇挫折时，是她鼓励的话语使得我走出阴霾；当我在生活中有不顺心的事时，是她劝说我要学会笑对生活。想到这些我对她还有什么奢求呢！

电话那头妈妈的一个吻是世间最好的奖赏，妈妈的爱是上苍给予我的最美好的恩赐。

成功的喜悦

谭子涵

清晨，我拉开窗帘，只见天空中虽有几片云朵，但却有掩饰不住的晴朗，我原本紧张的心情也有了些好转。为什么紧张呢？因为全校将举行一次奥数竞赛，时间不容许我多想，吃过早饭，我便匆匆赶到了学校。

一进教室，发现同学们都在认真复习，周围弥漫着紧张的空气，我自然也不甘示弱，拿出课本复习了起来，半小时后，考试开始了。

刚拿到试卷，我先大体浏览了一下，感到有些把握，来个深呼吸，便开始答题了，刚开始一切顺利，到最后却被一道选择题难住了，时间一分一秒地过去了，我急得直冒汗，可我的思维却始终被禁锢在这一道题上，当老师说收卷时，我的头脑里突然灵光一闪，选了一个B……

"什么，我的答案不对？"当我和班上一位成绩优异的同学对选择题答案时，我惊讶地喊了出来。而那个同学也十分傲慢，认为这是理所当然的。我呆呆地坐在那儿，一言不发，想起考前的努力，我不禁有些沮丧，而看见别人那高兴样，真是五味杂陈。再回想那道题，反复琢磨，怎么都觉得是自己的答案正确。

最后到了报分数的时候了。

"×××，九十分，×××，八十六分……"随着名字和分数不断报出，我心里七上八下，额头上沁出细细的汗珠。人数在不断减少，我再次深呼吸，来迎接我的成绩。"谭子涵，一百分。"真难以置信，我竖起耳朵，老师不见我上去拿试卷，又重复了一遍，"谭子涵，一百分。"我晕晕乎乎地走了上去，心中像盛开了花朵，说不出的喜悦。那盛气凌人的优等生，此时正埋头演算那道题，接着向我竖起了大拇指。

走出教室，感觉阳光特别灿烂，花池的小草也在微笑，眼前的路似乎也清晰了许多。

成功的感觉真好，我要赶紧回家去，与爸妈分享我的喜悦。

"馒头"兄弟

桂周懿

他，一双小眼，笑起来只剩一条缝；个子不算太矮，但体型酷似馒头，长相实在不算美。

体态同样丰满如馒头的我，或许天生就和他是哥儿俩，一入学我们就聊得十分投机，后来便成了形影不离的好朋友。

记得那节体育课，老师叫我们练习双人排球互垫，过会儿就考试。体育总不见好的我再次成了同学们"遗弃"的对象。一时间，心里就有种莫名的痛。这位馒头兄却主动跑过来要和我组队。我不以为然：凭我俩这馒头体型能取胜？他却鼓励我道："只要好好练，就有奇迹发生。"

于是，在他指点下，我和他认真练起来。他耐心告诉我："手臂要挺直，不要躲避球，动作要有节奏，不要太用力，也不要太轻。人放松，控制好心态就行了。"我仔细琢磨他的话，模仿着他的动作，居然和他配合得越来越默契。

有人起哄吆喝道："哎哟，两头'牦牛'在一起，貌似越来越有出息了嘛！"

"这位大爷，请问你垫得可好？"馒头兄停下垫球，幽默地笑道。那人自觉没趣，红着脸走开了。我顿时对馒头兄肃然起敬。

不知何时，班里流行起"撕名牌"游戏：背上贴上各自的名字——名牌，分成几组，互相追跑，看谁能先把对方后背的名牌撕下来。每当下课，我都艳羡地看着人家玩。我也很想玩，却又怕人笑我笨拙。馒头兄可算得上是胖而灵活，大伙儿都争着把他拉到自己的组里。有一次，馒头兄竭力推荐我一起玩，但人家不同意。他火了，居然吼道："没有他玩，我就不玩了。""好好好，让他玩！"那些人最终妥协了。我被他的行为感动了。他没看走眼，我虽不灵活，但力气大，撕起别人的名牌来毫不含糊。呵呵，真感谢馒头兄，让我也有了展示的机会，让我的课余生活也这样快乐。

馒头兄，感谢你待我一片挚诚；感谢你让我懂得，美不美，在心灵。

我的自行车

王昊择

七岁那年，我拥有了一辆属于自己的自行车。那是一个晴朗的周末，爸爸给我带回一辆明黄色的自行车：发亮的辐条，黝黑的轮胎，舒适的车座，脆响的车铃铛。每当我看到它就禁不住想骑上去兜兜风。由于之前我已学会了骑车，所以没过多久就对车子操纵自如。

十岁之前，我主要是骑自行车和同学一起去玩。每到周末，我便从地下室推出它，在小区里奔驰，在附近的公园里飞驰。累了，便放下支架，在车上坐一坐；渴了，就拧开自带的水壶猛灌几口，真是快活。

十一岁那年，我几乎没碰过车子，因为学习的任务越来越重，玩的时间也来越少。仅有的几次，也是因为要去打印资料，骑它去文具店罢了。

它就那样静静地停着，直到迎来了人生中第一次大的考验——小升初。为了顺利升入理想的初中，我不得不穿梭在各大辅导班之间。我找了个修车铺，给我的自行车上了油，打了气，调整了一下座椅和车把的高度。就这样，我们一起踏上了"征程"。不论严寒与酷暑，春夏与秋冬，我们俩始终是街道上一道别样的风景。当被录取的消息传来，我喜不自胜，同时也想到了我那任劳任怨的自行车老朋友。仔细一算，光最后半个月的冲刺班，它就已经累计行驶了近一百公里。老朋友，你可真是个功臣啊！

　　如今，我骑车的机会也越来越少了，我的老朋友又在地下室静静地等着我回家了。我的宝贝，你放心，咱们的感情不会打折，咱们的故事还会继续。等我回家，与你欢聚。

这也是一道风景

常子城

"举头迎白塔，缓步过黄河"的中山桥是兰州的风景，"侧卧黄河边，微笑抱孩儿"的"黄河母亲"雕塑是兰州的风景，而在我这个土生土长的兰州娃的心里，奶奶餐桌上的那一碗美味兰州臊子面也是一道让我依恋的风景。

人们都知道兰州的牛肉面名扬四海，但兰州不只有这一"面"。牛肉面是兰州回族人民拿手的面食，而兰州的汉族人最为擅长的则是臊子面。小时候我与爷爷奶奶生活在一起，那段岁月是最让我怀念的时光。奶奶是老兰州人，她每天都带着我，陪着我，照顾着我。

记得小时候每年我过生日时奶奶都会按照兰州风俗给我做臊子面，那时的我就踮着小脚趴在案板的边上看着忙碌的奶奶，心里美美地等待着。奶奶先将五花肉、黄花菜、木耳、胡萝卜、豆腐、蒜苗等食材切好后在锅中炒香，再加入水、芡粉和调料做成臊子汤；面条便是用碱水和面，反复揉，然后擀成厚薄均匀的面皮，用刀切细，下入锅中。待面条煮熟，捞入碗里，舀上臊子汤，撒上香菜末，一碗好看又好吃的兰州臊子面就大功告成了！碗里汇聚了五颜六色——胡萝卜的红、木耳的黑、黄花菜的黄、香菜的绿、豆腐和面条的白交相辉映，宛若一幅山水风景画。尝上一口，鲜香爽口。我每次都会风卷残云般吃光奶奶做的臊子面，奶奶一边看着我笑一边对我说："吃了臊子面，长长久久，吉祥如意。"那一刻我感觉自己幸福得都快融化了。

到了上学的年龄，我离开了奶奶家，于是以后每年我过生日时便很少能吃上奶奶做的臊子面了，虽然每年我生日的餐桌上少不了种种美食，但我总是怀念奶奶做的那臊子面。

记得一年国庆长假，我住在奶奶家，聊天中无意说起自己想吃臊子面了，于是奶奶就在之后的几天里每天为我做一臊子面，我一次次地大呼过瘾。离开奶奶家后，我又一次次回想起那臊子面的美好……

离家久了的游子会怀念故乡的风景，离开奶奶久了的我最怀念奶奶餐桌上的那一碗臊子面，在我心里这也是一道风景，一道用爱与温暖绘成的风景……

什么样的瓜最甜

张 敏

　　去年暑假的一天，爸爸买回来一个大西瓜。正要动手切，我和妹妹立即围了上去，我们的心情就像篮球场上运动员准备投球时那样的兴奋。爸爸手上的瓜刀刚落，我们的四只手就伸了过去，还不停地叫着："我要大的。""我要大的。""我先讲的。""不，我先讲的。"弄得爸爸慌了手脚，只是一个劲儿地喊："别争别争，两块一样大，两块一样大。"

　　我们没有听爸爸的话，还是使劲儿地争抢着。这时，妈妈生气地跑进来，严厉地说："不要争了，都给我把西瓜放下！"我们望着妈妈那严肃而带怒色的面孔，有些畏惧了，两人都放下了西瓜。妈妈接着说："这么大的人，吃东西还老是争，尤其是做哥哥的，更不像话，都读中学了，还是这个样子。"停了一会儿，妈妈又说："我小时候和你大姨小姨一起吃东西，从来没有像你们这样争过，而是我让你，你让我。有次吃晚饭，眼看饭不够吃，大家都自觉地少吃一点儿，争着先放下碗筷，都说自己吃饱了。结果本来不够吃的饭，反而吃不完了，根本不像你们这个样子，生怕自己少吃了。自私，可耻！"

我听了妈妈的训斥，惭愧地低下了头。妈妈和她的姐妹是不是争东西吃，我没见过，可妈妈和爸爸吃东西时是从来不争的。妈妈总是把好吃的留给爸爸，爸爸又总是"逼"着妈妈多吃一点儿。有时，妈妈还会因为爸爸不肯多吃一点儿好的而生他的气哩。

想着想着，忽然爸爸说："还站着干什么！"我猛然抬起了头，爸爸指着切好的西瓜说："拿去吃，吃了要听话。"我望着妹妹，妹妹也望着我。我先拿了一块最小的，接着，妹妹也拿了一块小的。瓜吃到嘴里的这一刻，我感到这味道比以往任何一次的都甜，它使我懂得了人不能只为自己。从此，我和妹妹再也不争吃的了。

君 子 兰

王 坤

　　刚一回家，爸爸就说道："快过来看看，爷爷今天来给你带了一盆君子兰。"顺着爸爸手指的方向看去，映入眼帘的，是君子兰那宽大、整齐、对称的叶子，墨绿的颜色透出一种庄重，没有一丝瑕疵，似乎还有一种淡淡的清香。

　　"这是爷爷送给你的礼物，今天你去上学了，他嘱咐你要好好照顾它。"没想到，爷爷竟然对君子兰这么感兴趣。好奇心让我仔细观察了一番：君子兰从根，到茎，到叶，都透着一种庄重。这让我似乎明白了爷爷的心意。

　　几天后，绿色的叶片中钻出了一根绿色的茎，上面好像还有花骨朵。这让我欣喜不已，更加细心地照料着它。

　　但是后来，也许是君子兰生长太慢，我渐渐对它失去了兴趣。回到家后有时是瞥一眼，有时连看都不看。每天忙碌的生活已经让我身心俱疲，嘈杂的声音已经让我来不及享受它带给我的这份宁静，特别是班里几个男生的调皮，作为班长，我很无奈，但又不得不每天和他们"斗智斗勇"。

忽然有一天，妈妈跟我说："快来看呐！你的君子兰开花了！"趴在写字台上的我听到这样让人欣喜的消息，赶忙跑了过去。只见君子兰方寸之间蓄满绿色，几朵鲜艳的红花在君子兰的上方开着，它由一根笔直的茎向上挑着。这时的我忽然有一种莫名的感动，想想学校里的生活，我无奈的态度，还有……此时的我心里只有羞愧，寂静漆黑的夜晚我的心却难以平静。

君子兰不只是庄重，更有一种向上的精神。

是啊，我只要拥有君子兰的向上精神，就会越来越完善自己，就不会再被生活难倒；我只要有君子兰不在乎外界好坏的精神，就会让自己更快乐！"遒劲婀娜两相宜，群卉群芳尽弃之。春夏秋时全不变，雪中风味更清奇。"读着郑板桥的这首诗，心情竟平静了许多，相信今后生活也会更坦然。

面 包 树

秦玉欣

　　姥姥家是一座四合院式的平房，在不大的庭院里，种着一棵枣树和一棵山楂树。每到它们结果子的时候，我就有的吃了。小时候，我总是想：枣核扔到地里就会长成枣树，然后结出甜甜的枣，那是不是所有的东西扔到土里都会长什么呢？

　　小时候的我是非常喜欢吃面包的，为了吃到更多的面包，我带着"种什么长什么"的想法，把一整块新鲜出炉的面包埋进了土里。为了不让小狗偷吃，我特意埋得很深。此后的每一天，我都精心照料着我未来的"面包树"，天天给它浇水，陪它说话，太阳过毒就拿几片叶子盖在上面为它遮凉。我就这样日复一日地照料着它。

　　一星期，两星期……一个月过去了，"面包树"却一点儿芽也没有发出来。我并没有太悲观，心想：大概是我埋得太深了吧，要不把它往上挪一下？想罢，便动手干了起来。好不容易把面包从深层土里挖了出来，却发现面包与之前的样子有了很大的不同——面包四周有些残缺，上面还有许多许多绿色的，令人感到恶心的东西，闻起来有种十分刺鼻的臭味。这时候，姥姥走了过来，看到了地上的面包和旁边的土坑，立刻明白了，然后哭笑不得地说："傻孩子，把面包埋在土里难道就能长出面包来吗？你太天真了。你看这面包都发霉了，快扔掉吧！"我不同意姥姥的说法，反驳道："你看枣核埋进土里都能长成枣树，面包为什么不能？而且面包上绿色的东西不是霉，这说明它马上就要发芽了。我还要再种，我还要等着它给我结面包吃呢！"姥姥感到很无奈，说了句："你想怎么办就怎么办吧！"说罢，便回屋里去了。我再一次满怀着期待把面包埋进了地里。

但自从上了小学之后，便渐渐忘记了这件事，至今那个面包还埋在姥姥家的院子里，现在，它在我的心里长出了一棵"面包树"，承载着我小小的希望，生长在姥姥家的庭院里，盛开着童年天真快乐的花朵……

学 车 记

陆川洋

听到爸爸为我买了自行车的消息，我都快要蹦到房顶上去了，然而接踵而至的"灾难"却又让我始料未及。

清晨，我早早起来去学骑自行车，那兴奋劲儿就甭提了。可刚刚踩上车往前蹬，哪知一个不稳，便左右摇摆，最后是连车带人，来了个完美落地。那叫一个痛呀！我揉了揉腿和脚，叹道："学车也不是个好差事！"

在爸爸的帮助下，我再次坐到车上。这次可不敢轻举妄动了，我轻轻地踩着车蹬，努力保持身体的平衡。接着，我紧抿双唇，双脚暗暗使劲儿，结果，我刚刚走出大概一米的样子，车便又东倒西歪了，一不留神，又来了个"哐当"倒地。

这次比上次摔得更重。在倒地的那一刹那，我是用手撑地的，手和地的这一吻，吻掉了我手心的一块皮，鲜血一下渗了出来。我的眼泪都流了下来，心想，算了，我再也不学车了，爸爸在旁默默不语。

回到家，妈妈见我一脸狼狈的样子，还眼泪鼻涕的。笑着说："吃一堑，长一智。做任何事都要经历过程，不可能一蹴而就的，你要总结得失，一锹不可能挖一口井，学车也是一样。不着急，慢慢学吧！"

我走进卧室，默默想着妈妈的话。

第二天，我再次下楼学车，爸爸仍然跟着，脸上带着笑容。

我跨上自行车，左脚撑地，右脚慢慢地蹬脚踏，车缓缓向前。双手紧抓龙头，左脚也试着离地，咦！我的双脚能稍微离地了。"好样的，有进步。"我为自己的进步欣喜。爸爸虽已忙得满头大汗，但也为我高兴着。

就这样，一天、两天，一周、两周过去了，我骑自行车已经是行云流水，驾轻就熟了。如果你还不会骑自行车，一定要学一学。骑车飞奔的感觉，真好！

小巷深处

陈晓凤

拐进幽深的小巷，远远的，就看见桑树和枇杷树从围墙里探出头来，向我招手问好，一阵阵香气拂过枝条，也拂过我的心。

香气来自小巷的尽头，那里有一家烧饼铺，小而旧，没有招牌。

我从窗口探头进去，问道："有甜烧饼吗？"

"有哇，两块。"男主人动作娴熟地拿起，装袋。

烧饼递到我手上的时候，我抬头瞥见他灿烂的笑，那笑在他脸上荡漾开来，透着温暖，一直暖到我的心里去。

每一次吃甜烧饼时，眼前就会闪过男主人朴实温暖的笑容，我自然成了那家小店的常客。在与男主人的攀谈中我了解到，他与妻子在二十年前买下了这个小店，一直坚守着这条小巷，见证着小巷的变迁。他说，他们要一直守下去。

　　过来买烧饼的，基本上都是老主顾了。男主人远远地从窗口望见了，就会自然地绽开微笑，挥一挥沾满了面粉和芝麻的手，像老朋友一样打招呼："老王！最近挺好的吧？"有时，他还会与他们唠唠家常："你儿子端午回家看你来了吧？真孝顺！年轻人忙，不容易啊！"

　　他总是笑着把烧饼递到顾客手上，"慢走！""常来啊！"

　　这样的微笑让我流连，当我踏入一个陌生的环境中，我会用微笑打破僵局；当我和同学闹矛盾时，我会用微笑消除隔阂；当我与朋友重逢时，我会用微笑找回相识的感觉……

　　再一次拐入幽深的小巷，桑树与枇杷树被笼罩在黑夜里已看不清，只有小巷尽头的窗口散出微弱的光。

心 有 明 镜

施天任

　　室有明镜，以正衣冠；心有明镜，可正言行。

——题记

　　柴静拍摄的有关雾霾的纪录片《穹顶之下》引起了热议，有人深受感动，赞许有加；有人却大加谩骂，斥其为别有用心的"阴谋家"。一时之间，很多人不免产生无所适从之感。

　　乱花渐欲迷人眼，心有明镜不染尘。在我看来，与其费尽心思探求柴静拍这部片子的用意何在，倒不如多去关注她做了什么，这样的做法是否有积极意义。只要她说出的是事实，能对大多数人产生教育和警醒作用，那么她的劳动就值得肯定。任何人，任何事，只要有益于这个社会，都是应该得到尊重的。"拨开浮云，直指本真"，面对纷繁复杂的社会现象，我们心中必须有这样的准绳，才能及时独立、清晰而准确地作出判断，才能不被迷惑，更不会失去自我。

如果说面对人生百态、世事变幻需要这份准则，那么内省其身，规范自己的一言一行，更需要这块"心中之镜"。

回顾这十几年的成长之路，我清晰地看到，自己内心的"镜子"正渐具雏形。"好东西大家分享"是我人生中明白的第一个生活准则，它使我尚在学龄前就成为一个懂得分享的人，而这使我在多年的学习生活中始终受人欢迎；"必须去道歉"是还在读幼儿园的我和同学打架并弄伤对方时，父亲对我极其严肃的告诫，自此，我的心里便留下了"要勇于承担责任"的烙印；"作为集体的一分子，要乐于为班级服务"是来自小学班主任张老师的教诲，使我明白了人不是孤立的，乐于为他人奉献会收获更多……

心有明镜，可以让我随时省察自己的言行举止；心有明镜，更应该进一步成长为"心如明镜"。只有让千百年来的智者为我们开启的智慧与自己融为一体，如明镜般时刻提醒自己，规正自己，才有可能成长为一个睿智的人，一个大写的人。

友情的天空

有一种快乐叫简单

张瑞瑞

有一种烦恼叫复杂，有一种快乐叫简单。

"只有在这时候俺才意识到是龙的传人哈。"看看排在前面黑压压的人群，妈妈一声轻叹。"排队真无聊！"我嘟囔着。"低头族"正拿着手机使劲儿刷屏。"哇——"一声啼哭惊醒了整个清晨，原来前面一个小男孩儿被一只狗舔了一下，年轻的妈妈手忙脚乱地从包里拿出纸巾给小孩儿擦脸，一只粉红的皮夹掉在众多的脚缝间。"哎……"我欲言又止，话音被嘈杂的人声湮没。队伍被推着向前，后面的一个年轻小伙瞥了一眼，佯装没看见，一脚跨过去，转过头，似乎很焦急地看着前面；紧接着的一个中年妇女，有意无意地踢了钱包一脚。我要不要捡呢？举手之劳嘛，但要被人家冤枉是我偷的怎么办？我推了推妈妈，指了指地上的钱包，妈妈一脚跨出去，弯腰捡起皮夹。

"妈，你……"话没出口，"这是谁的钱包？谁丢的？"大家纷纷转过头，"这是我的钱包。"年轻的妈妈接过钱包，"谢谢您！""别客气！就是一弯腰的事嘛。"我的脸有些发烫。"想那么多干吗，简单点儿。"后来我问起妈妈，她乐呵呵地回答。

燕和娟是好姐妹，可是因为一点儿事，最近闹起了冷战，都是杯子惹的祸。燕子刚买的新杯子，蓝底白花，很雅致，可惜是个玻璃的。大课间活动，她回来后发现杯子摔在地上，碎了，有人告诉她看见娟子从桌前走过的。燕子一下子起火了，"我就知道是她，不就是上次问我借东西，我没借给她嘛，这次她是故意的，就是报复！"娟子也不是省油的灯，"你凭什么说是我打碎的？我至于为个不值钱的杯子报复你吗？"两人吵起来了。看我过来，都拉我，"班长，你说说，这可是尊严问题，我定要讨个清白！""瑞，你是班长，你要为我主持公道！"我一把拉过她俩的手，"至于嘛，多大点儿事，一个小小的杯子，就搞得这么严重，大家都相互退一步。杯子再买一个！还是好姐妹嘛！"她们破涕为笑，握手言好，同学之间，别那么较真儿！

"六年级了，咋办？我离重点初中还差好远。"琪抱怨道。周也一脸苦恼，"我文化成绩在班上只是中等，怎么办啊？"升学的压力弥漫在空气中，同学们也开始为未来苦恼不已了。这时，班主任从窗外探过头来，"同学们，成长路上别烦恼，我们首先要明确目标，然后朝着这个目标前进，竭尽全力。毕竟我们曾经努力过。班长，你说呢？"我接过话茬，"对，不要把事情想得那么复杂，尽力就好。"是啊，想那么多干吗，放下包袱，简单一点儿，朝着目标狂奔就好。

生活担负不起太多的烦恼，无谓的沉重只会让生命举步维艰。有时简单一点儿，我们的生活才会绽放出快乐的光芒！

妙趣横生的话语

记忆里的那个荷塘

李泽昕

小时候，我家的后面有一个荷塘。那里，有我童年快乐的时光。

夏天，我总是一个人到那里去游玩。爸爸妈妈对我也放心，因为透过窗子，就能望见我，并且荷塘的水也不深。那是我最喜欢的地方。

不必说岸边随风摆动的柳枝，水里面一朵挨一朵的碧绿的荷叶，亭亭玉立的粉红的荷花；也不必说知了在树上动情地歌唱，悠悠的白云在蓝蓝的天空中飘荡；单是摘莲蓬、摸虾、骑自行车这三项"工作"，就给了我无限乐趣。

莲蓬圆圆的，立在茎秆上，是个倒立的"圆锥"，莲子都在"锥底"上露着头，均匀地排列着。乍看上去，整个莲蓬，像一个蜂窝。莲子的"肉"，吃起来味道是淡淡的甜；莲子里面的芯，味道虽然苦，可它却是一味良药，能消火，大人们经常用它泡茶喝。离岸近的莲蓬很好摘，只要伸手抓住它的茎用手指一掐就掉下来了。离岸远的呢，够不着，我就用一根带钩子的长木棍把它钩到身边。很快就能摘满一个塑料袋子，带回家去交给妈妈，那时我就感觉像立了功似的。妈妈常用莲子熬粥喝。我最喜欢喝加了莲子的八宝粥了，这粥又甜又香，我每次都要喝一大碗。

小龙虾是很馋人的，而发现小龙虾也不难，只要在荷塘的岸边看到有凸起的地方，把凸起的泥土掀掉，就会有一个洞，洞里多半会有小龙虾。但是摸小龙虾却有点儿"危险"——常常被小龙虾夹住手，甚至会被夹出血，所以摸小龙虾时我是又喜欢又担心。最好玩的是摸了小龙虾去吓人。捏着小龙虾的头，它的两个红色的大钳子，一张一合的，把它举到别人的眼前，那人就会很害怕，或者把它放在某人的衣服上，那就更会让他惊悚地尖叫起来。

围着荷塘骑自行车也让我很惬意。一圈一圈地转起来，眼睛不时地观赏着荷塘。那水面上的荷叶、荷花，没有风的时候，它们静静地站着；风来了，它们就舒展着婀娜的身姿，摇曳起来，仿佛正在表演的美丽的舞女。还有那敏捷的蜻蜓，时而在荷叶、荷花上面迅疾地飞行，时而轻轻地抖动翅膀浮在空中，累了的时候，它们就停下来警觉地立在荷叶上。

在童年的记忆里，最让我难忘的就是这荷塘了。每当回想过去，首先复活在脑海里的就是这荷塘美丽的风景和我在岸边快乐玩耍的情景。我多么想再回到童年，再回到荷塘边去看一看啊！可是，我再也回不去了，因为荷塘已经被爸爸卖给了别人，那荷塘的上面现在是一座楼房。

点滴之功积浅成深

杨阳洋

在我的印象里，第一个与阅读有关的记忆是我坐在爸爸的腿上，他绘声绘色地读书上的故事给我听。从当时的咿呀学语到如今的挥笔成文，这是多么大的变化。渐渐地，我与文学结下了不解之缘。

从读幼儿园时第一次在《娃娃乐园》上发表口述故事起，几乎每年都有数篇作品获奖或发表，我也从未把写作当作一件难事，反而觉得乐在其中。偶有空余时间，我最常做的事便是泡书店或待在家里捧上一本书有滋有味地读。当我看到许多同龄人把空闲时间花在看电视和玩电脑游戏上，等到动笔写作时却搜肠刮肚、焦头烂额，我就更深刻地认识到文学素养的积累应该靠平时的点滴之功。正所谓"聚沙成塔""集腋成裘"，我个人感觉主要应该从以下四个方面做起：

　　第一，多听。可以利用生活中的一些边角料时间，从网络上（我小时候更多的是借助收录机）收听好的文学作品，其中的精华就逐渐转化为自己的东西了。

　　第二，多读。这是更重要的。因为只有会读，才能更自由更深刻地领会文字的运用。尤其是遇到一些特别好的书和文章，一样要反复"咀嚼"。

　　第三，多讲。大胆、主动地当众发表自己的看法，这是锻炼自己思维能力的一个好办法。而且我们在生活中一直在说话、与他人交流，只要说得有方法，说得有条理，说不定就是一段很出色的文字呢！有时候发现一时难以动笔，不妨先试着动口说说，感觉思路顺了再开始写。

　　第四，多练。如果你把"提高作文水平"寄希望于每学期次数有限的作文练习，只怕你要失望了。假如养成"有感即发，有话即记"的习惯，隔三岔五地动动笔，写点儿什么，那么文笔就会越来越顺溜。所谓"拳不离手"嘛！虽然我一直没有真正坚持每天写日记，但写得形式还是比较丰富的，比如配图写话、小诗、科幻故事或者山寨版评书连载，这些我都尝试过。

爸爸的农场梦

杨　清

　　村里搞土地流转，就是把单块的农田连成一片转包给大户经营。爸爸多年前的农场梦再度被点燃，决定把镇上的服装厂交给舅舅打点，自己回村包地种田。

　　经过与农户协商，爸爸一口气拿下了五百亩地、一百亩水面的经营权。星期天上午，签完合同回到家后，爸爸一脸的兴奋，让我陪他到田地走一圈，检阅那些夏收后由他接手经营的土地。

　　登上村东头的防洪大堤，向前面望去，碧绿的麦子铺向远方，微风吹过，一浪一浪的，非常壮观。再远处，是一大片油菜田，油菜花的嫩黄，在阳光下鲜亮得刺眼。几个农民，正在田地忙碌着什么。此刻，天空湛蓝，田野一片生机，我们信步向前，仿佛在一幅农田风景画中穿行。

　　爸爸手指着前方向我描绘着他的蓝图，这一片将来全部用来种植水稻，实行"绿色"管理；那一片用来建蔬菜大棚，将来争取把产品直销给城里的超市。还有那修高速公路取土时留下的近百亩水面，南边的一块用来建农家乐水上乐园，可以垂钓，可以悠闲；北边的一块用来建绿色循环立体养殖场……听着爸爸的描述，我仿佛听到了稻田里蛙声一片，看到了五颜六色的蔬菜正被运往城市；而在那片露天水面上，仿佛鸭鹅成群，热闹非凡……

不知不觉，我们来到了防洪堤拐弯处的小桃林，桃花开得正欢，一朵就是一个美丽的笑靥。几只小鸟唱个不停，好像在欢迎我们似的。爸爸转过身，面向田野，深深地吸了一口气，然后做了一个拥抱大地的姿势。我知道，爸爸的心中，也正像桃花一样，生机盎然，激烈燃烧着。

一直对种田非常讨厌的我，这一刻却萌生了将来也当农民的愿望。是呀，农村这片热土，只要好好经营，一定会大有希望的。

远亲不如近邻

徐铎胜

俗话说"远亲不如近邻"，这话有道理。

那天，我家隔壁搬来了一位新邻居，他们正在楼下搬东西。电梯只有一间，他们决定分两次搬，女主人上去了，一位叔叔留了下来。我正巧遇到，准备按电梯，却发现无处可以停脚：地上摆满了各种小型家具，有椅子、桌子、床头柜……这里有两块玻璃，那里有几个瓷器，那位叔叔手上还提着两个鼓鼓的袋子，连胳膊里都夹着几个工具，看架势，恨不得嘴上也叼上几个……

叔叔见我无处落脚，很抱歉地对我说："小朋友，不好意思啦！"我慌忙道："没事，没事！"电梯来了，我蹑手蹑脚地移了过去，跳进了电梯。但那位叔叔却"无动于衷"，看他那紧张而急躁的神情，我帮他摁住开门键，微笑地说："叔叔，别急，我帮你按住了。"叔叔先是一愣，见我按住电梯，两眼掠过一丝疑惑，接着快速往电梯里放东西。一会儿，电梯就被塞得满满当当了，仅容我一人在一角，而他还在外面。这时我有些慌了，我该怎么办，是下还是上？让叔叔带着东西上去，可是电梯外还有东西，如果不让他上来，这里面东西怎么办？我一时不知所措。这时叔叔说："小朋友，你先上去，我下趟把这里的东西搬进去再一起上去，你叫对门阿姨搬下来就行。""哦！"我慌忙应道。电梯缓缓上升，我明白，这是一种信任。

出了电梯，我按响了邻居的门铃，阿姨出来了，我说："阿姨，我帮你把东西搬进屋里。"阿姨还没来得及回应，我已动起了手，椅子、桌子、床头柜、玻璃、瓷器……一一进屋。

"小朋友，谢谢！……"阿姨不断地谢我。

我笑着答道："不用谢！这是我们邻里应该做的。"虽已满头大汗，但我心里很是开心。从此，我们两家就经常互相走动，关系非常密切。

叫作"冷饮"的热奶茶

韩锦仪

三月初的一天，风中还带有一丝凉意。我与朋友约定在校门口的小吃店里庆祝生日。

天有点儿阴，我早早地出发了。到了店里，我点了一杯冰镇的柠檬汁，坐在窗边的位置听音乐。窗外乌云卷积，天更阴了，仿佛要塌下来。我焦急地拨通了朋友的电话。朋友在电话里说："啊，你已经到了？不好意思……我妈妈刚刚说要带我出去一趟，去不成了……"

我失望地挂了电话，窗外密密麻麻的雨点落了下来，狂风也在乱吼。空荡荡的小店里只剩下我一个顾客了，招待客人的也只有一个姐姐。一会儿，那位姐姐走了过来："你点的饮料。"我端起杯子轻轻抿了一口："嗯，温的？可我要的是冷饮啊？"只见她笑盈盈地说："你要的是冷饮。不过，今天比较冷，我怕你伤到胃。而且你穿的也不多，着凉就麻烦了。"口里奶茶的温度顿时蔓延到心头，我连声说"谢谢"，红着脸喝下这杯温热的奶茶，起身准备离开。"等等，拿着这把伞，欢迎下次光临……"

"谢谢！"我几乎是噙着眼泪离开的。

后来，我经常光顾那家小店。有时独自一人，有时三五成群，依旧坐在那个位置，喝着一杯叫"冷饮"的热奶茶。

端午粽飘香

丁 晨

记忆中的清香，是粽子的香。

五月的清晨还有些凉，当我还沉浸在梦乡时，奶奶已经背着小筐，来到了河边。清晨的空气中，氤氲着一股湿意，熟睡了一夜的鱼儿又开始在河中招摇，卖弄着它们柔软的姿态。奶奶捋起裤腿，光着脚丫在并不深的河流中走动，待到芦叶茂盛的地方，她小心翼翼地挑选着芦叶，把最嫩最青翠的芦叶放在篮筐里。忙碌了一个清早，奶奶满载而归。她布满皱纹的脸上，挂着微笑……

太阳已攀上树梢，我被清晨的鸟鸣吵醒。起来坐在桌角，犹带睡意地看着奶奶包粽子。奶奶轻轻地将一片已经洗净的芦叶拿起，将它的一端卷成漏斗状，接着用勺子将米放进"漏斗"中，再把其余的部分卷上"漏斗"，最后用一根粗线将其系起来，一个粽子就大功告成了。芦叶越来越少，奶奶的动作越来越娴熟，不一会儿就包好了几十个。奶奶又开始生火，待水煮开后将那些胖乎乎的粽子倒入锅中……

粽子的香，飘荡在那口大锅的四周，飘荡在农家小院上空，飘荡在我岁岁的童年里。我总是忍不住那粽香的诱惑，不顾刚出锅的粽子烫手，慢慢解开它的"腰带"，脱掉它绿色的外套，轻触它洁白的肌肤。忍不住咬它一口，满嘴都是粽香，令人回味无穷。我帮奶奶也剥一个粽子，递到她的面前。奶奶会心地笑了，淡去的酒窝在我眼中却依然很清晰，她仿佛是为我的懂事而笑。

现在的河流越来越脏，再也采不到以前那样新鲜的芦叶了。端午节也只能外出买粽子吃，再也尝不到奶奶亲手包的粽子了。可甜美的回忆，温馨的画面，总会在梦中出现。

听　雨

牛体亮

夏天就是与别的季节不一样。这不，考试前还是艳阳高照，万里无云，半小时后，那雨点就砸得地面噼啪作响。风裹挟着雨点从门缝里吹进来，令人感到丝丝凉意。

雨为什么偏要这时下呢？这一题怎么做呢？而对眼前的考题，我的心不禁烦躁起来。这不留情面的雨呀，你为何蹂躏大地，摧残草木，让我们这些学子也不能安下心来静静地答题？

我的思绪不禁飞向了雨中，"悲欢离合总无情，一任阶前点滴到天明"，无情的雨啊，你让蒋捷留下少年不识愁滋味的感叹；"东边日出西边雨，道是无晴却有晴"，你让刘禹锡写下"杨柳青青江水平"的诗篇；"雨恨云愁，江南依旧称佳丽"，你让王禹偁留恋"水村渔市，一缕孤烟细"的秀美。

不知什么时候，雨声由大渐小，由强渐弱。莫非你累了，也想歇一歇？你知道地里发生了严重干旱，禾苗需要你的恩赐，需要你的爱抚，更需要你的细水长流？好了，停下吧，他们还很弱小，承受不住你的狂劲，听不了你的怒斥。我知道，滂沱激流，方显出你的雄浑，但只点片雨，更能显出无言的美妙。"七八个星天外，两三点雨山前"，数得清的雨滴包含着多少惊喜与希冀！"垂下帘栊，双燕归来细雨中"，那丝丝细雨传递出多少诗意与情谊！

就在这淅淅沥沥的雨声里，我听到了草木的期盼，听到了古今英雄的呐喊，在这雨声里我不由得想到了那些文人骚客的千古诗篇。"夜阑卧听风吹雨，铁马冰河入梦来"，陆游曾梦雨中，遥想着故国的失地，"清明时节雨纷纷，路上行人欲断魂"，杜牧迷惘雨中，肝肠寸断。雨打芭蕉，那是一种情趣；雨浇人愁，那是一种惆怅。晓来雨过，你不忍心看那"一池萍碎"；漫步雨中，偶遇佳境，当怜那"黄梅时节家家雨，青草池塘处处蛙"了。

杜甫的诗句"好雨知时节，当春乃发生"，这句诗写得太形象生动了。这细小的雨声让人想到春天的美好。看吧，雨后春草绿，清新的绿色让人目睹大自然的本色，让人遐想造物主的恩情，雨打柳枝声，让人聆听天籁。

考场内外这时更静了，雨声也停了。提示铃响了，还有最后十分钟，可我的思绪仍在延伸，我仿佛变成了一滴雨，和许多雨珠一起，慢慢地汇成一条小溪，流成一条小河，奔向那浩瀚的海洋。"风雨送春归，飞雪迎春到"，前行的途中也许遇到很多坎坷，可我还有两分钟交卷，那下一句是什么？这个填空题可不能失分！窗外明亮起来，天晴了，"已是晴天万丈光，犹有鸟儿叫"！

我身边的吃货

王小雨

有的人活着是为了吃饭，有的人吃饭是为了活着。

——题记

正所谓"物以类聚，人以群分"。我是一个吃货，我身边环绕的自然也是吃货了。当吃货遇上吃货，我们的世界也就只有吃了。

记得，第一次见到她是在刚开学时。

她给我的第一感觉就只有一个字——乖。她有一双水灵灵的大眼睛，一张小小的嘴巴，脸上还有一些调皮的小雀斑，不算太长的头发被扎在脑后。给人一种安静、乖巧的感觉。

但自从那次放学偶然遇见她后，她给我的感觉就发生了翻天覆地的变化。

那天下午，我走出校门，正想着一会儿要买什么吃的。一拐角，就看见一辆三轮车周围围着一大群人。忽然，我看到了一个熟悉的背影，试探地叫了一下她的名字，但她的反应着实令我忍俊不禁。她听到有人叫她后，不是转过身来，而是头都不转的摆了摆手说："先别吵，没看到我正忙吗？"说完就继续努力地往小食摊前挤，我只能两手一摊，做无可奈何状。过了许久，我才从她奇葩的反应中回神。想再次寻找她的身影，她已完全被淹没在人群中了。

这件事颠覆了我对她的印象，但也令我们成了好朋友。随着和她的关系越来越好，我为她对美食的热爱而感到惊讶的次数也越来越多。

有一次，我无意中提到东门的美食有很多，而她就因为我的这一句话，缠了我一个星期，要我陪她去东门。只要下课铃一响，她就跑到我的座位上不断念叨："去东门，去东门……"最后，我实在受不了了，就答应她星期六去东门。她当时就高兴得跳了起来。

到了星期六，她就拉着我来到东门。我们几乎把东门的小吃都吃了个遍。从前，我一直都以吃货自居，但自从遇见了她，我才认识到什么才是真正的吃货。每次看到她吃东西，我都忍不住怀疑——她的肚子真的可以装下这么多东西吗？但她每次都用行动告诉我这个世界上没有什么是不可以的。我都已经快撑得走不动路了，但她还是精力充沛、身轻如燕地拉着我扫荡着一个又一个摊位。

几乎一整天，我们都在美食中流连，直到等车时，她才跟我说她吃得好饱，我吃惊地问她不感到撑吗，她却说："要不我们再去吃到撑？"我吓得连忙摇头。天知道等她吃撑是什么时候。当我们坐上车后她贴在车窗上，满脸不舍地说："再见了，美食们，我会想你们的！"我在一旁哭笑不得。

这就是我身边的朋友，这就是我身边的活宝，这就是我身边的吃货！

"微雷锋"寻访记

穆 阳

我们的"微雷锋"活动小组接过师哥师姐的接力棒，且行且找寻。

这是一位普通的送奶工，常年奔走在街道社区里，为各家各户送去新鲜的牛奶。然而提到送奶工仓保，没有人不竖起大拇指的。邻居张大爷腿脚不便，仓保主动接过大米帮助大爷从楼下送到家中；见到许阿姨带着小孩儿赶公交，仓保主动接过孩子送她们到站台；空巢老人王奶奶家的电视机坏了，仓保主动联系维修并送到站点……点点滴滴，不求回报，走街串巷，情洒一路。"就是举手之劳的事，不值得一提。下回遇上，还找我。"他用平凡演绎了人生的真谛。

这是两位异乡打工的好兄弟，虽然年过半百，但仍然操劳。傍晚下工回家，途经一座大桥，突然听见有人大声呼救："有人落水了！"兄弟二人立即狂奔过去，看到一位老太太坠河，他俩迅速脱下上衣纵身跳进河中。在水中抓住老太太时，她已经漂到了距离桥边近三米远的地方。他们托起老太太，然后拉着她游到了桥中间的一个石墩处。这时岸边已经围了不少人，听说有人落水，好心人已经寻来绳索，最终协助河中的兄弟俩将老太太拉上岸。当救护车到来时，他俩已悄然离开。当见义勇为基金会寻访到他们并送来奖金时，他们说："我们只是千千万万普通人中的一员，谁都不会见死不救，我们只是做了一件小事，谁遇到这种情况，都会这么做。"随即他们将钱捐给家乡小学，他俩就是"活雷锋"。

这是一群可爱的孩子，每个月他们都会到社区敬老院当义工。扫地、洗碗、擦桌子，这些平时在家里都是"小皇帝""小公主"，现在却挺认真地做着各种劳动。瞧，梅打来一盆热水，伸出手试了试水温，正给李奶奶洗头呢；涛拿一把扫帚将许大爷的房间扫干净，已是汗如雨下，他顾不上休息，又用抹布擦桌子呢；琪搬一把椅子放在门外，搀扶着吴奶奶到阳光下晒日光浴，拿出梳子帮奶奶梳头，一边拉拉家常。瞧她们笑声连连的样子，还以为是祖孙俩呢；有的帮老人捶背，有的帮老人收拾房间，有的帮老人倒水，还有的陪老人散步……这一幅幅温馨的画面，永远定格在敬老院里，永远定格在老人和孩子们的心里，欢乐的笑声响彻蔚蓝的天空。

雷锋无须仰望，就在你我身边，"微雷锋"在行动。

跟爸爸安空调

侯润泽

暑假中的一天，我待在屋里，吹着风扇，躺在凉席上，听着烦人的苍蝇的"嗡嗡"声，心想：什么时候爸爸在自己家里安一台空调，让我们也凉快一下啊。

突然，我听到爸爸叫我的声音。我很不情愿地走出去，离开了我的"避暑小屋"。当得知是去安空调时我更是一万个不愿意：到处给人家安空调，而自己家里却一直熬着，"抠门儿"的爸爸连空调也舍不得给自己安装。

外面烈日当空，毒辣的太阳灼烤着大地。可我在爸爸的"威逼利诱"下还是去了。

我们先去仓库搬空调。爸爸抬着重的一头，我抬着轻的一头，费了不少时间才弄到车上去。其他的工具也不轻，有塞得满满的盖不上盖子的工具箱、铁梯子、水钻、电钻之类的。

搬完东西，我们就上车了。在路上，阳光刺眼，我这边没有遮阳板，所以只好弄了个大纸袋套在头上。为了降温我把车窗都打开了。不一会儿就睡着了。

大约过了半个多小时我们才到达目的地。爸爸告诉我客户住在五楼，而且没有电梯，所以我们只能慢慢向上爬了。刚开始还算轻松，到二楼我就不行了。走得越来越慢。上上下下四五趟我就全身软了。在心里暗骂："为什么偏偏住五楼啊，住低一点儿不行吗？就算住五楼，起码要安上电梯吧？"

我们费了九牛二虎之力，好不容易才把工具都搬到五楼，按了门铃竟没人回应。爸爸打电话让他们快回来，我又开始发牢骚了：这么热的天不好好在家睡觉，出去干什么！当然这次我也没说出来。我拿了一块泡沫纸坐上去，不一会儿就睡着了，大约半个小时后他们才回来开了门。

安装开始了。按照爸爸的吩咐，我拿出一粗一细两条铜管。我的任务就是把他们给弄直了，再把他们给缠起来，然后由爸爸把管子、电线都连接到内机上。我踩住一头用手捋铜管，最后还是弄得歪歪扭扭的。我再把它们包起来，缠的时候有的地方缠得疏，有的地方缠得密，虽然我的工作质量不怎么好，但毕竟还算按时完成了。哎，热死了！

爸爸叫来了吊车，他站在吊车的铁架子里，安装空调外机。明晃晃的太阳照着他，我看到他额头上沁出细细的汗珠。他先拿水钻打眼，我把管子递到外面。然后，他再用电钻打眼，我把支架递出去，他固定好后，我们在里面牵拉着。他在外面推着把外机放好，固定，把电线管子再连接好，终于安装完毕。我们先开机测试一下，机器吹出阵阵凉风，我高兴极了！这时，我看到爸爸满头大汗，头发都湿了，衣服就像一坨烂泥一样粘在身上。

我忽然感到我的自私与渺小。我想到了爸爸的辛苦：进货，送货，安装，维修，日复一日，年复一年，风雨无阻，披星戴月。而我所受的这点儿苦累又算得了什么呢？

青春的舞步

陈丹丹

还记得那一天。

我身着白纱裙站在舞台上，手臂伸展划出圆润的弧线，双脚盈盈跳跃，脖颈高高扬起，如一只高贵的天鹅轻舞飞扬。舞步间洋溢着青春的气息，这是青春的舞步……谢幕时，我听到了一阵阵掌声，我幸福地笑了。台下一瞥，老师点着头，微笑溢满了嘴边小小的梨涡。

为了这一刻，我付出了五年的艰辛和努力。五年来汗水伴着泪水，痛苦伴随着快乐，只为了这一刻，像美丽的天鹅舞蹈着……"台上一分钟，台下十年功"，芭蕾这"残酷而优雅的艺术"要跳得具有美感又何尝不是这样？坐在后台卸妆时，脚尖的疼痛袭来，这一阵疼痛使我回想起那段差点儿放弃舞蹈训练的经历……

我韧性较差。前压腿，后压腿，侧腰，下腰，劈叉，每一次形体训练，我会感到浑身火烧般的疼。不少同学都参加过规模盛大的演出了，而我……好多次，总有一种声音缠绕着我："放弃吧！"但我还是硬着头皮坚持着。韧性较差尽管是我的先天不足，但我相信后天的努力总会弥补的。京剧泰斗梅兰芳不是硬把一双无神的眼睛练得顾盼有神，脉脉含情了吗？

盼望已久的元旦会演来了，我忐忑地听着老师公布名单。从头到尾，还是没有我。我的心凉了，心不在焉地做着劈叉的动作，老师走过来使劲儿按着我的双肩，我一下挣开老师的双手，汗水与泪水交织着流进嘴里，苦咸苦咸的。我呜咽着"不练了"，狼狈不堪地跑出了舞蹈教室。

回到家后，我浑身散架般地扑倒在床上，可没有解脱了的轻松。墙上邰丽华的大幅照片在我模糊的泪眼中活动起来，她婆娑起舞，身体及手臂的每个关节都有随着音乐抖动弯曲，就像一只美丽的孔雀，时而点水嬉戏，时而轻盈飞翔，时而娴雅漫步……恍惚中看到邰丽华朱唇微启，她似乎说：你看我一个残疾人都能感受到舞蹈的美妙；你更不能放弃……电话铃响了，是老师的。我拿起电话，抹抹泪水，哽咽着：老师，我马上就去。

日子飞舞着过去，再多的泪水也模糊不了我坚定的目光。多少次，夕阳的余晖将我舞动的身影拉长；多少次，我在伤痛中猛醒，我苦练着，下腰、倒立、劈叉、反复足立旋转……

那天，我被选送到电视台参加决赛。至今，我一直保存着那段录像，舞台上的我，青春的舞步曼妙无双。从那一刻起，我对自己说"做一个舞者"，用无悔的青春在舞台上挥洒汗水。我坚信：汗水是浇灌芭蕾之美的养分。只有付出，舞台上芭蕾之花才会绽放。

我的"大朋友"

邓　骁

像郭德纲一样的发型，发丝里夹杂着些灰白，浓密而略长的眉毛跟炯炯有神的大眼，轮廓分明的脸上架一高挺的鼻子，略显肥厚的嘴唇。这是我的"大朋友"。

可以毫不客气地说，他真的很懒，有时连牙都懒得刷，以致他嘴里也没几颗好牙了。他看起来真的有些邋遢，胡楂总是刮不干净。倘若好好地"整理"一下，他无疑地应该很帅，不然当年怎么征服我妈呢！唉，可惜了一张俊朗的脸啊。

他是我的爸爸，但更像朋友，也一直是我的"大朋友"。他没有通常父亲该有的深沉、严肃，倒是像个小孩儿，活泼、天真。

他的老家在京山农村，他能拼搏到现在的状况是很不容易的。小时候没钱读书，见识不多的奶奶甚至没打算供他上学，硬是让他当了放牛娃。渴求知识的他每天就藏着书本，刻苦自学，有很多次忘了吃饭，饿得直吐酸水，也毅然坚持。后来在兄弟们的支持和援助下，他读出了成绩，跳出了农门，成为一方颇有些名气的"人物"。

爸爸的过去让我感到心酸，也令我敬佩，他是我所崇拜的"大朋友"。

他在我眼里没有一点儿威望可言。有时，哪怕他说话的声音略大一些，我都会用更大的声音对他嚷嚷，他没法子，便会用温柔的语气说："你干吗啦，干吗对我吼来吼去！"我却蛮横地解释道："因为我觉得你的态度不够好！"他只好无奈地笑笑，商量着对我说："好，好，我态度诚恳一点儿好吧！"

他虽然和气，但并不呆板，反而十分搞怪。

有一次，我们一家人守着店，妈妈对他说："来，试一下这个假发，我看看假发的效果，你头发少，就你来当模特！"起初他当然是不愿意戴女式假发的，但在我们的劝说和好奇心的驱使下，他好歹戴上了。天呀！那像什么？男人的面容，顶着女式短发，太好笑了！我和妈妈笑得前仰后合。他迫不及待地奔向镜子——他被"吓"住了，张着嘴，又似笑非笑，傻愣在那儿。但我看得出来，他玩得很过瘾。之后又试了几款，每一次妈妈和我都捧腹大笑，他居然还在镜子前转来扭去，换着角度自我"欣赏"，边笑边发表评论："这个像'嬉皮士'，看起来像坏人"。

有时，他会突然唱起歌来，比如在做饭的时候，扫地的时候，看电视的时候，他会突然大唱："你到底爱不爱我？爱不爱我？我不知道该做些什么……"边唱边做些动作，特投入。只要我在旁边，他就转向我，张开双臂边摇头边唱，一定要在我前面晃来晃去，表达他的热情。

他的兴趣爱好广泛。在网上下象棋，打篮球，游泳，骑自行车，打架子鼓等等。他也是"妻管严"，和妈妈吵架从来都不敢还嘴。但我喜欢这样的爸爸，鉴于他一以贯之地"热爱劳动"（做了很多家务）和勤勤恳恳地"为人民服务"（服侍我和妈妈），被他们奉若掌上明珠的我便颁发给他"全职好老爸"的称号。瞧瞧！他还不好意思呢，笑个不停。

这就是我的"大朋友"，好老爸！

我与书的故事

付　炜

　　我很小的时候就喜欢看书。年幼时在乡下，没事干就喜欢读哥哥姐姐学过的课本。于是，在我家的屋角，就经常能看见一个字还没认全的小学生捧着大学课本看的滑稽情景。相对于文字而言，我更喜欢看书里的插图，有时甚至会无视文字，一本厚厚的书专门翻着看插图，然后通过想象让插图里的人物"活"起来，所以一张图一看就是半天，基本都神游到自己的想象世界里去了。

　　再大一点儿，家搬到了城里。我的视野宽阔起来了，我终于摆脱了没书读的日子，五彩缤纷的城市最令我感兴趣的还是书店与图书馆。因为图书馆离家较远，我的阅读基本上是在书店里。一有时间我就让母亲带我去书店看书。读书的事她是最支持不过了，于是书店里经常都有我们母子相携读书的场景。每次都看到腰酸背痛，才又溜达几圈拎起几本书付钱回家，跟母亲一起读书的场景回想起来至今仍感觉充满温暖的气息，是我人生中最美好的事情之一。不过稍有不足的是，跟母亲在一起她只允许我读经典名著，而当时正值好奇心很强烈之际，哪有心思看那些"枯燥无味"的名著，但迫于一旁"盯梢"的母亲，我还是硬着头皮看了不少书。以至于在学校用积累的这些知识常常令同学们惊叹，并得到老师的表扬。而这一切我都要感谢我的母亲，是她在最初给我埋下了阅读经典的种子。

另一段与书有关的经历，记忆更加深刻。我已经完全可以自己去书店图书馆。虽然图书馆有更好的阅读环境，但我还是喜欢去书店读书。这当然不是因为距离远近的问题了，原因是图书馆的书大多陈旧不能满足我对新鲜事物的好奇心。于是我只要有空闲时间或者固定在每周末都会到书店转转，遇到新书就马上扑上去如饥似渴地阅读，我对书店里的各种书都了如指掌，书店售货员也与我早已熟悉，我这个每次都只看不买的人早就引起她的注意了。书店的规矩很多，比如不能坐下看书，也不能蹲下看，不能把这边的书拿到那边去看，凡此种种，不计其数。因此我每次看书都仿佛身受大刑一般，一本书读下来眼冒金星、头轻脑重。我当然也想过"点子"，比如趁售货员不注意悄悄把书拿到没人的地方坐下看，但不管我走到哪里总能被她找到，然后她就斥责我站起来读，再翻看我的书，发现不是旁边书架上的，便又把我发落回原地了。我要看她的书便只好乖乖服从她的命令，就这样反反复复许多次，以至于我在睡梦中都想着拥有一家自己的书店，好随心所欲地在里面看书。

后来，读到台湾作家林海音的《窃读记》，嘴角不禁笑裂开了——文中小英子的"窃读"经历与我何其相似，我们都是一样的宁可现实中无处可栖，也要心灵在书籍中来一次愉悦的旅行啊。

品 味 父 爱

顾 涵

初入幼儿园时，那"世上只有妈妈好"的歌声时时萦绕耳际；小学时"慈母手中线，游子身上衣"的诗句早已烂熟于胸。然而你可曾记得，咿呀学语时，最先学会的是"爸爸"；面对困难时，最先想到的是"爸爸"。

至今我还清晰记得学骑自行车的一幕幕。爸爸总是扶着自行车的车座，跟在我身后跑。我骑得慢他就慢跑，我骑得快他就得快跑。我骑在自行车上感觉自由畅快，爸爸却累得气喘吁吁……

在我的百般要求下，我终于有了一辆属于自己的自行车。一天，我骑着自行车去上学。放学时，天正下着淅淅沥沥的小雨，不一会儿变成了豆大的雨点儿。

"看来，今天是没法骑车了。"我心中嘀咕着，摸出了兜里的一元钱，准备坐公交车。

公交车内开着空调，温度适宜，我暗自为自己的聪明之举庆幸。

雨越下越大，风越刮越猛。雨水打在车窗上，发出"嗒嗒"的声响，天地一片灰蒙蒙。

看着路人匆匆而过，一个个被淋成了落汤鸡，我甚至有点儿幸灾乐祸。

到了站点，我便下了车，打着伞慢慢向家走去，却不经意间看到了一个熟悉的身影——爸爸。

看着全身淋湿的爸爸，我一下跑了过去，问道："爸爸，下这么大的雨，你为什么不开车呀！就是骑车也得穿雨披呀！"

爸爸笑了笑，"你今天不是骑车上学的吗？我开车怕一擦而过，骑车穿雨披怕你看不见！"

"我都这么大了！"我哽咽着一把抱住爸爸。突然发现爸爸那两鬓的白发，我的眼里涩涩的。

这时，雨慢慢停了下来，我挽起爸爸的手，向家走去，心中暖暖的。

"时光，时光，你慢些吧！你慢些吧！别让我爸爸再变老了。"这句歌词时时萦绕耳畔，挥散不去。这句歌词，这份情，够我一生品味。

猫告诉我的

张 拉

去年夏天，一个炎热的下午，我与小伙伴们在楼下玩，可谁都没想出一个好玩的游戏。这时，一个人提议说，咱们去逗逗猫吧。我们小区有很多的野猫，四处乱逛。在这个无聊的天气里，这的确是个很好的提议。

于是我们分为两拨，一拨负责追猫，一拨埋伏起来，见猫来了，立马出击。我被分配到追猫的那一拨。我们锁定了目标，只见一只猫懒洋洋地趴在一个箱子上，我们刚走近箱子，那只猫立马警惕起来，两眼眯缝，目光犀利。耳朵因过分警戒而直立起来，腿脚的肌肉也紧绷起来。我们又迈了一步，它立马飞奔起来。可是它没跑几步，又回到箱子那儿，好像一个守卫城堡的战士。我们没办法，只好拿棍子驱赶它。

它左蹦右闪，耍得我们团团转。跑着跑着，他突然跑进我们"埋伏圈"里。只听同伴"啊"的一声，埋伏的小伙伴们冲了出来，着实吓了猫一跳，因为我看见它打了一个激灵。这次，无论我们怎么赶，它都不往箱子那儿跑，好像是故意躲开它是的。我翻开箱子，只有几根火腿肠而已，难道它是饿疯了？

夜晚，天空中繁星点点，每一颗星星都好像是一只小小的眼睛，眨个不停。寂静的小区，因为有了孩子们的欢笑，才变得更有生气。吃完饭，我惬意地走向花园，却发现白天那只猫跑了过来，嘴里好像叼着什么东西，仔细一看，原来是一根火腿肠。它走进小树林里面，然后树丛里传来了一声声细弱的猫叫声。这时我全明白了，白天它的警戒，并不是出于逃生，而是箱子里的食物；它灵活的身影，并不仅是为了躲过我们的追击，还是为了自己的孩子。

立在原地的我，思忖良久。这是一个母亲，一个急切保护自己孩子的母亲。而我们，竟然去戏弄她！隐约间，我看到了猫身上的伤痕，那裸露在外的伤口仿佛在控诉着我们这群作恶的少年。

很少流泪的我，在那一刻没有忍住，潸然泪下。她们是一群流浪猫，我呢，岂不是一个灵魂在漂泊的少年？

从那以后，我不再戏弄猫。

尽孝莫等明天

郑　琪

属于童年的回忆，有一大半都是储存在那片芳香的花圃中。

听爸爸说，奶奶打小就"文艺范"十足，一直喜欢写写画画的。因为家庭贫穷不得不放弃学业，转身迈进满是黄土的庄稼地。奶奶一直怀揣着年轻时的梦想，想去每一个风景好的地方采风，可是直到她老了，孩子们都成家了，她却连一次远门都没有出过。她不再奢望着出门旅行，转而开始侍弄起花草来，老家的菜园子里，有一方缤纷的天地，那里花香缭绕，蝴蝶成群，那是奶奶的花圃。

每近夏天，院子里的花就都开了，引来几只轻盈的蝴蝶，橙黄色的翅膀，围着花圃起起落落，虽不漂亮，却有着独特的吸引力。平常不易找到蝴蝶，但在我家的花圃中却很好找，看准一个，就猫着腰，蹑手蹑脚地走到背后，轻轻地抬起手，缓缓地落下，小心地抓住它的翅膀，它就不能再动弹了。每次抓住一只蝴蝶总有一种特别的成就感，总会跑到奶奶跟前，向她好好炫耀一番。

奶奶问我，知道蝴蝶为什么这么漂亮吗？我摇头，她说："因为蝴蝶把花儿的魂魄都吸了去，所以才变得和花儿一样美丽。"看我愣着，奶奶忽然就笑了，逗你玩呢！

花圃里开满了各种各样的花，它们纠缠在一起，肆意地绽放着，散放出淡淡的花香，虽不浓，却能传出好远，引得小伙伴们都来我家看花，他们一直羡慕着我家有这样一个美丽的小花圃，而我也以此为骄傲，在别人面前异常自信，似乎身上还带着家里沁人的清香。

小时候，我总是跟在奶奶身后，学着奶奶的模样，浇浇花，除除草，却没有一件是真正干成的。浇花时往往走了神，想着昨天追逐的那个蝴蝶，抑或者今日结出的那个花苞，等奶奶回过头来，看到的就是一个呆呆的我，和被水流冲击出一个大窟窿的狼藉不堪的土地。除草也根本不能算是除，只能勉勉强强算是揪。除草工具都太笨拙，又危险，奶奶也知道我不认真干，只是让我用手拔。我两手使劲儿攥住草秆，身体往后仰，大有兔子拔萝卜之势，最后一屁股坐在地上，却还是只拔掉了一半。

奶奶看了哈哈地笑，搬个小凳来让我坐下，她自己拿着小锄头，弯着腰，一下一下挥舞着手臂，一步一步迈出去，踏踏实实的。阳光是金黄色的，柔柔地洒下，洒在争奇斗艳的鲜花上，洒在她单薄的背上。

再回去看她时，她依旧在花圃旁，精心照顾着一花一草，爷爷坐在不远处的藤椅上，戴着镜片上带些污渍的老花镜，看着当天的报纸，时光似乎凝固在这美好而又和谐的一刻，一只蜜蜂从眼前飞过，嗡嗡闪动着翅膀，刺激着我麻木的神经。

"回来了啊。"奶奶歪过头，眼里闪过一丝惊喜。爷爷也放下报纸，摘下老花镜，眯着眼看着我笑。奶奶从橱柜中拿出一些藏了许久的糖果与饼干，仿佛在向我搬运她的宝藏。

奶奶是年前查出患有淋巴癌，两次化疗就几乎掏空了她。爸爸妈妈好不容易请了假，打算陪她出游，却因为奶奶的身体实在吃不消而搁浅，再度成了不期之约。这也成了我们心中一个最大的遗憾。

每个人心中都有几件想为父母做的事情，可是，很多事情都停留在"想"的阶段，直到有一天，那些事情你再也无法替他们去做，你的心就会被愧疚咬噬。所以，千万不要让忙碌束缚了一颗尽孝的心。尽孝，千万不要等到明天！

一起走过的日子

小小的一方田

李小朵

爷爷退休已有多年了，平日里最爱侍弄一些花花草草。家中的文竹、君子兰、幸福树，还有我叫不上名字的一些花都是他的宝贝，楼顶上那一盆盆用花盆栽种的青菜也无一不受到优厚的待遇。可是"老来宝"的爷爷仿佛还是觉得不过瘾，便自作主张地带着他的宝贝花种子、菜种子跑到秦岭深处的一小山村里开了一块田地，竟然做起了秦岭隐士。

爷爷的这块田不大，也就六七张课桌拼起来的大小，四周是一片纤细茂密的竹林，竹林下方涓涓流过一条清澈的小溪。爷爷的田和那片竹林便像块绿布一样挂在小溪的岸坡上，从爷爷居住的小屋窗口望去，一眼便能望见这块葱绿的田。

去年夏天，我闲来无事，便央求父母将我送到这小山村，和爷爷一起做隐士。

虽说是共同日出而作，日落而息，但大部分时间都是爷爷在一旁忙碌地除草耕作，我在一旁的大青石上悠闲地捧本书看。听鸟儿高声鸣叫，听竹叶沙沙细语，四面竹树环合，闻得如珮环相击的水声，吹着凉爽的微风，倒与柳宗元《小石潭记》中的意境有几分相似。只不过小潭变成了小田，少了几分凄然多了几分悠然罢了。

在那一段做隐士的日子里，竹林环合中的那一方小小的田，仿佛就是我的世外桃源，没有尘世的喧嚣，没有世俗的烦琐，有的只是自然给予我的一份安静和简单。不必挤破头地去理解分析自然的真谛，只要安静地栖息在大自然温暖的怀抱中便好，一如孩童睡在母亲的怀抱中那样。

美好总是消逝得有些快，回归大都市的繁华热闹，我竟愈发想念那片田园。小小的一片田的影子在我心中愈发清晰，那种清幽在我心中久久不愿散去，它呼唤着我，吸引着我。当我们学习课文陶潜的《饮酒》时，我又一次找回了那种感觉。是啊，"心远地自偏"，原来真正的心静如水，是将心放远，在心中置一片心田，不必在相框中，不必在回忆里，只要在心田上，便了然。

在我心中的那小小的一方田，竹树环合，田边有条溪，溪边有块大青石，我便坐在那大青石上悠闲地读书。

夏 的 印 记

冯佳雯

"喔喔喔……"清晨，公鸡的一声啼鸣打破了黎明的寂静，将天空镀上了一层金边，不断向中间渲染着，渲染着。

新的一天开始了。花儿们伸了伸妖娆的身姿，不情愿地揉了揉蒙眬的睡眼，它们要尽快展现出自己的风采。百花争艳，这才刚刚开始。占据有利地形，这是必要的工作。花儿们开动了，又大又鲜艳的花儿总是可以威震四方，不知名的小花儿只好委曲求全。夏天，是最有活力的。

夏天是最变幻无常的。就像一个脾气暴躁的年轻人，发火是经常的事。提到夏，怎能不想到雨，大雨、小雨、雷阵雨、暴雨……夏，这声音的世界是雨的主宰，是雨的演奏会。

下雨时，我应邀聆听了一场又一场音乐会，避在屋檐下，听着雨声。雨滴一会儿敲打着树叶发出沙沙声，一会儿又和屋顶上的砖瓦联合，迸发出强有力的节奏。听着雨的演奏会，有轻柔，有强劲，有缓慢，有火箭冲天之势，有宁静安逸，也有鲁莽大胆。这一切，无不是大自然对我们的馈赠。

猛烈的大雨过后，当小雨为大雨奏起结束曲时，深深地吸一口气，扑鼻而来的清香使人沉醉。小雨淅淅沥沥地下着，在空中优雅地跳着芭蕾，在地上，它们又灵活地跳着华尔兹，它们快乐的舞步便是那跳动的水花。

雨后，有微微的风，当风轻轻地拂过草地、拂过树叶，吹乱了它们的头发，也吹来了心里的思绪，就像手指轻柔地穿过你的头发想跟你捉迷藏，不让你发现，也不让你追上。风是雨的伴侣，有雨的浇灌，有风的安抚，万物才能茁壮生长。

一起走过的日子

方 倩

小学生涯还差一笔就将画上句点，掰手一算，我与你同桌已经三年之久。

我是那种内心明亮，热烈而外向的女孩儿。而你却相反，是一个慢热型的特立独行的女生，你不论遇到什么事，内心比任何人都要沉静而笃定。

我的记性很差，前一秒想说的话想做的事情，一眨眼的工夫，什么都记不起来了。可是我为什么对我们第一次交集记得那么清楚呢?

那时班主任让我们相互在班上找竞争对手，让我惊讶的是，在我对你发出挑战之后，你找的目标竟然也是我。从此便打开了我们彼此友谊的大门，两个女孩儿的友情如雨后春笋般潜滋暗长起来了。

我觉得我像盛夏的太阳，性子很烈，让人一眼便可看穿心思。而你则如春天的微风，为人们送去阵阵清凉。我觉得我像可乐，三四口下肚便能感到凉爽、舒服，而你则似热茶，细细慢品，暖的又何止是身。细察方见美丽，久品才解真味，正如任性而又不张扬的你，需用心灵去细细品味，才能体会出玄妙深邃的境界。

那些与你甜蜜的回忆，是我心底即将逝去的小美好，永生难忘，我们在一起做了许多疯狂的事情，大冬天的你拉着我，冒着呼啸的寒风去滨河公园看大雪纷纷扬扬地飘落的景象，只因心中有温暖。你说讨厌吃凉的，我却跑去小卖店买了两支冰激凌，并拿出一支在你面前做陶醉状，而你还是下了狠心，伸手接受了另外一支……如此种种有趣的事我们曾经在一起做过许多。如今提起笔来，这些小美好如花瓣般抖落在我们面前，轻轻一嗅，这些回忆的尘香便显露出来。

我们的童年生活犹如一部戏，在这部戏里，我们都充当着各自的主角。一曲将终，此时此刻什么祝福，什么表达都无法诉说我对你的眷恋。在这最后的一段美好时光里，我只想在心底里送你一匹马，让你驾驭着它，向着自己既定的方向奔去。

再见，我的朋友，祝你下一站还能遇见知音。

真情传递

张恒瑜

记得那还是七八岁时的一个夜晚，我的手臂脱臼了。

房门外，没有一点儿星光，月亮深陷在乌云铺成的床中。爸爸双手一拥，抱着我直往医院奔去。

在昏暗狭小的治疗室内，暗月渐渐高悬，仿佛要沿着太阳轨迹下山了。

爸爸带着右手缠着纱布的我走到大门口，却发现下雨了，豆大的雨点儿就像刚刚我滚滚而下的泪珠。爸爸皱着眉头，毫不犹豫地将外套披在我身上，背着我奋力向家狂奔。沿途水花随着脚步有节奏地跳动。

刚到一个十字路口，一个持伞的年轻人出现在我的眼前，他慢悠悠地走着，五官算不上端正，可总觉得他身上有别样的光。他回头看了看我们，又推了推眼镜，目光落在我的右手上。他追过来道："拿着，这么晚了，带个孩子不容易！更何况刚经过治疗呢！"他把伞送到爸爸手中。"怎么可以呢，你的伞给了我们，你怎么回去呢？更何况我们也不知道怎么把伞送回去啊！""不要紧，这伞就当我送给你们了，我的家就在前面，不远就到了。"他指着十字路口对面，强把伞推给了爸爸，迅速跑开了。望着那年轻人远去的背影，我心里很是感动。

回到小区门口，又见一个女子在楼下望着那密如珠帘的雨，看起来很焦急。爸爸将伞放在了她的面前，默默地走开了。我们沿着屋檐往家走去，背后突然传来一声："你的伞！"我和爸爸心领神会，"那把伞，你留着吧！"此时，我的身上早已没有了疼痛，取而代之的是一股暖流。

真情如此传递，温暖遍及世间！

台头湾记趣

徐 龙

　　台头湾其实是一个废弃多年的老窑场，因位于北台头村而得名。那时的假日里，它便成了我们小伙伴们游乐的天堂。尤其是夏季，台头湾畔草木峥嵘，水清鸟鸣，碧绿的庄稼，高高的土坝。我们常常在这里逮知了，捉迷藏，贴树皮，打水漂……快乐极了。

　　三年前的那个暑假，我们八个伙伴心血来潮，决定要去台头湾野炊、游乐。一大早，我们便各自带着野炊用的工具和菜肴来到"队长"家中集合。待一切准备就绪，便向台头湾"急行军"。

　　我们很快就到达了目的地。我们又按"队长"的分工，开始四面八方搜寻野味。我和"罐子"到湾边捉到四只蝉，同飞找来柴火，"老刀"到王爷爷的地里弄来了土豆。不长时间我们都满载而归，开始生火做饭。"罐子"

好欺负，我们又让他去买馒头。

我们把蝉放在火上烤，渐渐地，那香味直袭鼻孔。"唉，此味只应天上有，人间难得几回闻啊！"没想到这美味竟激发了"老刀"的诗兴，脱口吟出了期中考试时他答错的一句诗。我们几个一边大笑，一边禁不住咂巴着嘴，口水就要流出来。

很快，"罐子"也回来了，老远就喊："你们做的什么东西？这么香啊！我在村子边就闻到了！"人终于到齐了，土豆也熟了，东边那锅子也烧煳了。我们开始共进午餐。哇，好丰盛的宴席啊！一级美味"青红皂白"——烤青椒加红烧土豆，炒黄瓜虽然糊了，但是歪打正着，别有风味；还有金光闪闪、热气腾腾的烧玉米棒子……

在一片绿荫下，我们尽情享用着自己亲手"烹制"的美味。虽然天热得发狂，我们也吃得大汗淋漓，但无不痛快至极。

接着，我们便开始筹划下一个项目——下湾戏水。看着湾中清澈见底的水和嬉戏的群鸭，想到水中那特有的清爽，我们再也禁不住诱惑了。"弟兄们，给我下！"随着"队长"一声令下，我们八条汉子就像八只大青蛙，猛扎到水中。大家都不甘心只是在水里泡泡洗洗，都想做个游戏。经过一番争论，我们决定来一个最刺激的项目——泥水大战。于是我们兵分两组，一组四人，又确定了一条界线，只许双方在自己的水域作战。

　　"大战开始！""队长"的话音刚落，不知是谁先拿一大块软软的泥巴贴在我的脸上，黏黏的。我见"黑猫"正在发笑，便顾不上抹下脸上的泥巴，挖起一块泥就给他"扣"在头顶上。大家也都拼了起来。水在空中飞溅，劈头盖脸，睁不开眼；泥巴时而在耳边呼啸，时而在空中交汇，时而贴在脸上、后背上、头顶上。激战大约持续了半个多小时，双方都筋疲力尽了方肯罢休。对方"损失"比较惨重，脸上的泥痕最多，算是我们获胜了。

　　哦！雨季的天说变就变，远处隐约传来了雷声。"撤！"随着队长的一声令下，我们收拾好餐具往家中赶。

　　自那以后，尽管我们多次筹划过，但都没有再去成。不知台头湾的水还有没有？不知王爷爷的土豆又少过没有？再见了，台头湾。再见了，童年的乐园。

触摸春天

隋晓琳

拂过几缕微风，吹面不寒；飘过几丝细雨，沾衣欲湿。燕子衔泥，柳梢翠绿，草色青青……哦，原来是春姑娘悄悄来到了我们身边。

绿，是春天最动人的色彩。

小草又倔强地探出头来，它们以"疾风知劲草""野火烧不尽"的顽强与执着书写着自己生命的传奇。那淡淡的绿色是风雨过后最迷人的彩虹，是春天最靓丽的风景线。树的绿是一种活泼的绿。看，婆娑的柳树开始抽芽了，那毛茸茸的小芽儿，像一个个的小精灵，东张张，西望望，仿佛对这个崭新的世界充满了无尽的好奇。不几天，它们渐渐长大了，一片片狭长的柳叶儿被顽皮的孩子们衔在嘴里，像变戏法似的演奏出一曲曲动人的旋律。

风，是春天最温柔的节奏。

"轻风摇杂花"，春风犹如一位慈爱的母亲，用她那双温柔的手抚摸着大地，抚摸着绿叶红花，更抚摸着我们每一个人的心田。"儿童放学归来早，忙趁东风放纸鸢。"田埂上到处可见孩子们的身影。五颜六色的风筝编织成一幅壮丽的风景画，仿佛是空中迷人的彩霞。不，比彩霞更美丽，因为那放飞的不只是风筝，更是孩子们的梦想，童年的欢乐……

花，是春天中最俏丽的容颜。

"万紫千红总是春"，花儿们在明媚的阳光下竞相开放。漫步花丛，风中清新飘逸的花香令人陶醉……金色的迎春花在阳光下，张开了灿烂的笑脸；那攒聚的蓓蕾，就像是凤冠上的珠宝，闪闪发光。盛开的桃花，一朵朵鲜丽的花儿斜倚在枝头，颤动着花蕊，散发着甜甜的芳香。那梨花，仿佛枝头未融的冬雪，又似洁白的哈达，传递着春天的祝福和希望。

雨，是春天中最美妙的音符。

不知何时，朦胧的细雨斜织着，落在发丝上，飘到脸颊上，亲切，舒服。"春雨贵如油"啊，那是春姑娘洒下晶莹的仙露琼浆，唤醒大地，沐浴新吐的嫩芽。小草们，麦苗们，在春雨的滋润下，尽情地欢笑着，歌唱着，生长着……

春天，整个世界都洋溢着生机与希望。一年之计在于春，让我们以蓬勃的朝气吮吸春天的气息，展开博大的胸襟融入春的怀抱，去感悟那生命的力量和激情吧！

夏日的暖风

叶 甜

温度不断攀升，明晃晃的日光令人有些眩晕，黏腻着汗水的衣服紧贴在肌肤上。

我站在午后的车站等公交车，赶着去书店买书。烫人的水泥地面使我的凉鞋胶底变得绵软烫脚，像是踩着一块在火里烧得通红的烙铁。我的大脑里"最讨厌夏天了"这一词条连成长线不断盘旋在混沌的思绪里。

车站的人很少，除我之外只有一个老人。她眉峰隆起，变成一个"川"字，脸色红润，皮肤偏黑，裸露在袖口外的手臂被太阳晒得布满了小黑斑。见我打量她，她眉峰舒展，和善地微笑着，我连忙不好意思地低下了头。

像是缓解尴尬气氛似的，公交车"及时"地到了。

狭小的空间里填满了人，人贴着人，像是沙丁鱼罐头，充斥着一股更加浓重的汗味儿。"讨厌的夏天"我小声抱怨。

老人依然在我身边，安静不语。

车上这么多人，难免会有一个不怀好意的扒手，等着把手往你包里伸。我抱紧了胸前的包，警惕地看了看四周。正想笑自己过于警惕时，我看到了那只手，那只脏兮兮的小手，正要往老人的包里伸。那只手那样脏，不仔细看像是一块抹布，指甲缝里还残留着黑泥。

我想提醒老太，可是被乘务员提前了一步，"谁家的小孩儿，这么没教养，这么小出来当扒手。哎！老人家，你的包，小心点儿！"女人尖着嗓子喊。几乎整辆车的人都听见了，看向那个角落，一道道目光像是一束束的聚光灯一样照着败露的小手。

那只手停住，不知所措了。老人伸出手握着那小手，轻轻拍着，抬头对乘务员说："别瞎说！这是我小孙孙，才不是小偷呢！"说着把小孩儿往自己身边拉拉。我这才看到了这个"经验不足的小偷"，清澈的眸子里已蓄起泪水。

公交车继续向前行驶，带起一阵暖风。

阳光下的白孔雀

温　婉

那一天，刚下过雨，天空放晴，太阳钻出厚厚的云层。我决定去图书馆看书，便等在车站。这时，迎面走来了一个穿白裙子的小女孩儿和她的爷爷，两人笑呵呵的。小女孩儿在阳光的照耀下像一只白孔雀，十分美丽动人。他们走到我边上，与我一同等待。

还没等到公交车，只见一辆摩托车飞快地从我们身边驶过，带起一阵风，溅起一片水。水溅到旁边的座位上，同时也溅到了我和小女孩儿的身上。我拿出纸巾擦了擦，抱怨了几句。还好我穿了一身黑衣，有脏水溅到也看不出来。但那小女孩儿不一样，她原来美丽的白裙子上多了许多脏水渍，斑斑点点的。

我看她拿出纸巾，原以为她是要擦裙子，没想她转过身，走到了座位边，细心地擦拭起了座位上的水渍。不久，脏脏的座位变得焕然一新。她的脸上也洋溢起了开心的笑容。

　　她爷爷说："莹莹，你的裙子脏了，来，擦擦吧。"她这才低头看，意识到裙子脏了。她说："爷爷，我裙子脏了没关系，可是，座位脏了，很多人都不能坐。"她爷爷笑着摸了摸她的头。

　　我心底对小女孩儿的敬佩油然而生。

　　车来了，小孔雀和她的爷爷上了车，人群中，她仍然那么洁白、耀眼。

桥

吴波涛

　　生活中有各种各样的桥，它们把彼此相隔的人们连接在一起，使他们能够自由地来往。这种有形的桥随处可见。然而在我们的生活中，还有那些看不见的无形的桥，它们同样把我们紧紧地连接在一起，温暖着我们的心。

　　亲情就是一座永恒的桥。这座桥连接着每一个亲人的心。无论你离家有多远，离开的时间有多长，也无论你是贫是富，是在得意之时还是在绝望之中，它都会支撑着你努力向前，并始终如一地对你不离不弃。走在亲情这座桥上，你能体会到母爱的伟大，父爱的深沉，手足的珍贵，长辈的胸怀。有了亲情这座桥，你的人生永远不会孤单。

　　爱情是一座甜蜜的桥。这座桥连接着幸福的彼岸，让那些真心相爱的人走到一起，组成一个个幸福美满的家庭。就连天上也有一座鹊桥，让牛郎织女在每年的七月七日来相会。走在爱情这座桥上，你会品尝到幸福的甜蜜，体验到长大的感觉，感受到生活的浪漫，你会变得越来越热爱生活，越来越成熟稳重。不错，有了爱情这座桥，你就有了幸福。

友情是一座友谊的桥。这座桥用友谊把萍水相逢的人连在一起。当我们在生活中遇到困难而一筹莫展时，当我们被一时的挫败击得遍体鳞伤时，当我们陷到困境而悲观绝望时，当我们在金钱物质面前利令智昏时……这座桥便给我们以信心和智慧，并时刻提醒我们保持清醒的头脑。走在友情这座桥上，我们便多了一份勇气和自信，多了一份希望和执着。

亲情、爱情和友情，是人生中最可宝贵的三座桥。它们给了我们温暖和幸福，希望和力量，智慧和勇气，让我们活得充实而精彩。

懂 得 责 任

李丽雪

　　古隆中真是一片少见的世外桃源，这里群山环绕，飞瀑流泉，林满山间。茂林修竹的高岗上掩映着一处草庐，十分自然，十分清新。高岗有了草庐，就好像平静的湖面飘过一片风帆，辽阔的天空掠过一只大雁，草庐有了主人，就好像小小的石洞飞来神仙，浅浅的溪水藏卧蛟龙。诸葛先生隐居于此，闲云野鹤般地送走他平静的岁月。

　　我是时时不离诸葛先生的一名书童，我常常陪伴先生躬耕陇亩，徜徉山间。山中松柏丛生，清泉流淌，先生每每外出抚青松、听清泉，饱餐山光水色；先生归来，燃青灯，阅黄卷，占尽古风雅韵。他躬耕陇亩，没有苛政来相扰；他谈兵论道，常见挚友来相邀。

　　我知道这不是先生想要的生活，古隆中也不是先生的栖息地，果然，自从汉室皇叔刘备请他出山之后，先生便再也无心徜徉幽径，抚松山间了。先生火烧新野，使十万曹兵上天无路，入地无门，站在一旁观战的我连连拍手称快。先生草船借箭，好不风流；赤壁之战，神机妙算，使曹孟德弃船而逃。蜀汉的帝王之业蒸蒸日上，可是后来，先主刘备之弟关羽败走麦城，东吴吕蒙取其首级，先主不听诸葛先生的劝告，倾全国之力以伐东吴，只落得白帝托孤的下场。

我知道，先生以后的路将要更艰难了。一次梦中的我被嘈杂声惊醒，街亭失守了，马谡被斩，先生要自贬三级。我轻拉先生衣襟，耳语道："失街亭，马谡之过，先生可以把罪推于马谡，自古刑不上大夫，先生又何必承担责任呢？"先生依旧是那样的和蔼，他对我说："童子，失街亭，我也有责任，我用人不慎。"

面对敌兵的穷追不舍，无奈的先生摆了一出空城计，面对二十万曹兵，我胆战心惊，先生却以一张六尺瑶琴退敌。我问道："难道您不怕魏兵吗？"先生微笑着说："怕呀！但是保护蜀国子民是我的责任，我必须承担责任。"

可是先生，您这样做又何必呢？您看那扶不起的刘禅又在贪欢作乐了，您为什么如此厚待刘禅，他并非帝王之才？先生说："我答应了先主，要好好照顾阿斗，这是我的责任，我必须承担。"

先生终日操劳，每天所食甚少。但他仍尽力支撑大局，七出祁山，五月渡泸，七擒孟获。我奉劝道："先生何不暂且休兵，好生养病。先生说："我答应了先主要光复汉室……"

先生最后还是离我而去了。从头理理思绪，回顾先生的一生，我终于读懂了先生：懂得责任，承担责任，鞠躬尽瘁，死而后已。

反　哺

李立业

事情发生在今年春天。

母亲住进医院的第二天，病房里又住进来一位老奶奶。

那天，母亲忽然想吃油条。我买来正要给母亲吃，只听"哐"的一声响，病房的门被人一脚踹开了，一个四十多岁的叔叔背着一位老奶奶满头大汗地闯了进来。

这个叔叔是从三公里以外的一个小村子把自己的母亲背到医院来的。老奶奶看上去有八十来岁了，嘴有点儿歪，手脚不能动。自从踏进这间病房，老人家就没应声过，只听见那位叔叔"娘啊，娘"地叫个不停。医生说，老奶奶得的是脑血栓。

办住院手续、化验、拿药、打开水，叔叔一个人里里外外忙个不停，直到老人挂上了吊瓶，叔叔才算松了一口气。继而，他又跑到街上买来一个暖水袋，灌满了热水放在老奶奶的手背上，然后坐在老奶奶的床沿上，用他那粗粗壮壮的大手慢慢地轻轻梳理老奶奶蓬乱的白发。那情那景，不像是对待一位老人，倒像是母亲呵护婴儿。

晚间，叔叔问老奶奶想吃点儿什么，老奶奶说不出话，只见她用手指指我母亲吃剩的两根油条。我急忙把那两根油条递了过去，但是，叔叔说什么也不收下，却一溜儿小跑到街上买去了。因为那天很晚了，街上的小吃店已经收摊，叔叔沮丧地回到了病房，满头是汗，想必他跑了不少地方。叔叔很不好意思地接过我递过去的两根油条。接下来，叔叔的举动令全病房的人心生感动：他把那又干又硬的油条含在自己嘴里，细细地嚼烂后再慢慢地塞进老奶奶微微张开的口中，叔叔的动作娴熟而自然。我默默地注视着眼前这母子俩，一股热流不由自主地涌出眼窝……

没过几天，母子俩因付不起过多的住院费回家调养去了。但是，时间过了这么久，叔叔那反哺母亲的举动却牢牢地定格在我的记忆中，久久不忘。

难忘日照游

刘　旭

这是一次令人难忘的旅行。

今年暑假我独自登上了去日照的汽车，因为是第一次独自出门旅行，心里或多或少有点儿害怕，怕遇到坏人，怕迷路……不过忐忑中又有一份成就感，因为我长大了，能独自出远门了。

刚开始看到路两边的风景，感觉有点儿新鲜，过了一会儿就睡着了，这一觉睡得舒服，睁开眼已到了日照。舅舅接上我，我迫不及待地让舅舅带我去海边。

初到日照这个城市，出乎我的意料，城市干净美丽，它没有想象中的喧闹，没有拥堵不堪的汽车，没有熙熙攘攘的人群。这座城市像一个文静典雅的大姑娘。

快到海边了，平日里在电视、电脑上看到的一幅幅景象浮现在我的脑海，一阵海风吹来，给酷暑中的我带来一丝凉意。车一直往东开，仿佛没有尽头。终于到了，下了车，我喜出望外地奔向海边！心中有说不出的喜悦。

向海的远处望去，天与海融为一体。有几艘货轮不时发出"嘀、嘀"的汽笛声。海边可热闹了，它不再那么平静，而像欢乐的游乐场。我也加入到队伍中去，我光着脚丫，穿着泳裤，带着游泳圈，小心翼翼地往海里走。哇！真凉！浪朝我打来，吓得我急跑上岸，后来，我掌握了技巧，在水中尽情地享受着海水带给我的凉意。

泡完海澡，我上了岸，在沙滩上漫步，一个个脚印仿佛是我成长的足迹，望着大海，心中有种开朗、敞亮的感觉，这时岸上的帆船俱乐部放着一首抒情的歌："大海呀，大海，是我生长的地方，海边出生海里成长，大海就是我故乡……"这首歌给海边游玩的人们增添了一份情趣。累了，躺在沙滩上，沐浴着阳光，又有了活力，就在沙滩上踢几脚球，打沙排，真开心。

这时海岸远处一座高台引起我的注意，我好奇地走过去，原来是蹦极，一个人被松紧带缠着腿，从七十多米的高台直线落下，下面是汪洋大海，好恐怖，这项娱乐吸引了我的眼球。我跃跃欲试，买完票，登塔时，心里犹豫了，在塔下看时，没这么高啊。每登一台阶，心就咯噔一下，当登上塔顶时，心提到了嗓子眼，脚下似乎有毛毛虫，工作人员给我系上安全带，把松紧带缠到我的脚上，还跟我说："小伙子，没事，一闭眼就完成了，也证明了你自己。"这该怎么办？退又不行，跳也不敢，七十多米高呀，我陷入了进退两难的境地。我手扶栏杆，往下一看，心仿佛要跳出来。这时我激励自己：现在你完不成这件事，长大后你就会遇事退缩，只要勇敢地去做就一定能成功。我眼睛一闭，纵身一跃，身体急速直线降落，我成功了！我为自己骄傲，这时自豪感充满心头。

这次旅行让我学会独立、勇敢、自信，让我终生难忘。

脚尖踢出的深度

张泽西

　　我不是球迷，对足球可以说是非常不感兴趣，从没熬夜看过世界杯，甚至连一场球赛都没看过。对于别人口中的"梅西""穆勒""内马尔"，也只是听过他们的名字，连他们属于哪个球队都不知道。照这个情况来看，按老师的要求写一篇关于足球赛的记叙文是不可能的了，那我就试着说说我眼中的足球。

　　虽说对足球不感兴趣，但我并不像那些"门外汉"一样认为足球只是一群人穿着汗衫短裤为一颗球而发狂，相反，我认为足球是有深度的运动。这种深度，并不只是存在于进球的那一刻，而是在球赛进行的每时每刻。

　　干燥的绿茵场渐渐被不断滴落的汗水打湿，一双双脚在地上不停地产生着摩擦。赛事依旧很激烈，赛场上的声音从未间断过。是正在比赛的球员们的喘息声，还是观众席上的呐喊声，抑或是那颗决定命运的球被踢起时发出的沉闷碰撞声？早已分辨不清。球在地上滚动，在空中划过，在球员们的脚下穿梭，像是被赐予了生命一般灵活。最终，它抛下一切，划破空气，飞向球门，几乎没有发出太大的声响，却已经撞上了那层具有非凡意义的网——球进了。

这一过程并不那么惊天动地，但却足以吸引上亿人的目光。

人生就如一场球赛，整个球场都供你奔跑，而那颗球便是你毕生追求的梦想。它在你脚下的概率很小，多数时候都周游于别人的脚下。所以你要瞄准机会去将它抢回来。一旦时机成熟，就要毫不犹豫地向球门踢去，不能过早也不能过迟。如果把握刚好，那么球命中球门，梦想成真，再好不过！如果没能把握好，你所应当做的并不是垂头丧气，而是立即追上前去，把被抓走的梦想再度抢回来。人的一生中会有许多大大小小的梦想，球赛也如此，赢了一球还会继续，输了一球也还是继续。并不会因输赢而改变什么，正因如此，我们反而应该努力拼搏。赢了一球，实现了一个梦想，不应就此骄傲，否则转眼就是失败。输了一球，错过了一个梦想，不应就此气馁，而应继续追上前去。

球赛如人生，良好的习惯，优秀的成绩，得心应手的技能当然需要，但这些并不是决定胜负的真正条件。真正具有决定权的，是球被你踢出前你所做的，不是认为自己没有机会而袖手旁观，而是不确定自己能否赶上却还是迈开步伐。不是漫无目的地在场上肆意奔跑，而是瞅准时机冲上前去。这些容易被人忽略的细节，却往往成为决定成败的关键。

　　人生如球，球如人生，流转在那些奔走的人们脚尖的不只是球，也是人生的深度。

寻摩诘之迹

张顶强

我慢慢走过那方尘世，轻轻踩入溪流，惊动皎洁的月影。我在寻找彼时的诗人——王摩诘留下的诗篇。

我看到了一丛红豆。那水灵灵的果实在晚风中摇头晃脑。我小心地摘下一株开得最盛的，发现它的茎蔓上有一行小字："愿君多采撷，此物最相思。"我一惊，赶忙又摘下几颗红豆，攒在手心，小心地放入口袋，心中涌过一阵暖流。

沿着小溪继续向前，眼前骤然出现一片松林。此时月光恰巧倾洒，在松与松的空隙中穿梭，在地面上映下大小不一的斑点。空气中有着雨后的湿润，风吹在脸上多了分寒冷，大概是入秋了。溪水灵动的声音在黑夜中愈发清晰，岸边石头上波光粼粼。借着月色，我看见石缝中有些别扭地写着一行极小的字："明月松间照，清泉石上流。"我捧起晶莹的溪水，任它在指缝间缓缓流淌而过，圆润而舒适。水不冷，有淡淡的墨香。

远处传来歌声，我踏歌而行，穿过一片寂静山林，眼前又是一亮，出现一泓溪水。我想，它叫青溪。我被那成片成片的芦苇所吸引，快步走向岸边，嗅着清香。忽然间我清楚地看到，岸边的草坡中有一行小小的字："漾漾泛菱荇，澄澄映葭苇。"

晚风柔和地拂过地上柔嫩的青草，力度不大，但我再也无法找到那行字了。又是一阵风，吹落我手中的叶片。我看着它在风中渐渐湮灭。

我好像找到了王摩诘，又好像没有。

那一次，我真开心

邵逸铭

上个星期天，是我非常快乐的一天，因为我参加了微博写作团的活动，并获得了苏老师奖励的"神秘大奖"——去高旻寺采风。学习平平的我能得到如此宝贵的机会令我非常激动。

远远望去高旻寺的高塔巍然耸立着，塔尖直冲云霄，仿佛想把天空穿透一般。多彩的颜色与高大的塔体，给了我顶礼膜拜的冲动。

我们穿过马路，走在田野间的小路上。农田两边时不时跳起一只只黄色的小蚂蚱，大家情不自禁地伸手去抓。那蚂蚱也不知是累了还是太笨，很容易就被我们抓住了。大家将蚂蚱举在空中，炫耀着。

苏老师带领我们来到了一个拐角处。两旁已经枯黄的芦苇丛被风吹得哗哗作响，经过芦苇丛过滤了的秋风如和煦的春风一般拂过脸颊，还带着秋季的丝丝凉意。芦苇丛夹杂着一棵棵矮小的已经泛黄的狗尾巴草和着风儿翩翩起舞。我正被四周的秋景所陶醉，突然，有位同学指着树下一团黑乎乎的似乎是狗狗留下的东西说："看，这狗拉得可真标致！"此言一出，引得大家前来围观。果然，它端端正正，真的就像动画片里的形状一样。十三班的班长见大家对此很好奇，便说："你们是不是准备'见藐小微物，必细察其纹理'？"

说完，大家一阵爆笑……

这时，老师拍手道："这里有个斜坡，想上去的可以爬。"话音未落，我与几名同学便开始向山上冲去。突然，在山下的同学像发现了宝贝似的，大喊："看，有南瓜！"我们向山下望去，果然有两个小南瓜，像去皮的橘子一般，一瓣一瓣的，紧紧抱在一起。这时，冲在最前端的一位同学对山下叫道："切，你们这算什么，看我的这个！"大家定睛一看，这南瓜起码是山下的五倍大！少说也有个五六斤重，这激起了大家的兴趣，都向山上爬去。来到山上，这里简直是另一番天地：深绿色的青菜遍地都是，一片片绿油油的生机勃勃的景象，顿时给人一种心旷神怡的感觉；藤架上的丝瓜沐浴着阳光，安静地挂在架子上。山上的绿给了我眼睛很好的放松，这和山下枯黄的景象形成了鲜明的对比！

下了山我们去高旻寺看到了德林老和尚，他可是扬州鼎鼎有名的百岁老僧人，高旻寺的建筑可是他一手设计出来的。前天恰逢他的百岁生日，能见到这等高僧是我三辈子修来的福气！最后我们还去了大众书局品味书香，度过了一个快乐的下午，这才依依不舍地回了家。

虽然这件事已经过去很多天了，但我至今仍记忆犹新，回想起来，我依然十分兴奋，真希望以后还有这样的机会！

台　阶

沈珺茹

　　漫漫人生路，像一级级台阶，需要跨越。跨上成长的台阶，悦耳的声音在心畔回荡……

　　那是我刚上幼儿园的时候，一个令我难忘的秋。

　　儿时的我最喜欢那淡白色的雏菊，成天捧着东转西转，即使那花还未开，还只是嫩嫩的花苞。奶奶走过来，拍拍我的头，眼中尽是慈祥，"呀，我家宝贝要上小学了，要长大啦！以后要学会独立，可不能再任性。"小小的我一愣，眨巴几下大大的眼睛，睫毛忽闪了几下，晶莹的泪珠滚下，如断了线的珠子，哗哗落下，奶奶懵了，不知所措。妈妈连忙走来，"不哭不哭啊！"在妈妈那熟悉的怀抱中我安静了下来，爸爸问我为什么哭，我抽泣着诉说着。哦，原来是我不想长大。爸爸妈妈笑了，搂着我。"人总是要长大，只有长大了才可以经历更多，才可以看更多的风景。"他们如是说。奶奶告诉我，就像那雏菊花，只有长大，才能结出花苞，离开了妈妈，才可以开花，才能绽放。我望着那嫩绿的花苞，淡淡的绿，一抹淡淡的黄，似初生的婴儿，天真又美好，风过处，枝儿颤颤晃动，它也会怕吧？心中念道，跨越成长的台阶，我可以吗？

清晨，淡淡晨曦射进小小的房间，一丝温暖涌上心头。坐车来到了幼儿园，我拉着妈妈的衣角，怯怯躲在她的身后，睁大了黑色的眼睛，那扇大门，我始终不愿跨进，妈妈把我的手交给老师，小小的我不知所措，"哇"的一声哭了，泪如雨下，我以为妈妈不要我了，哭得更伤心了。"你要学会独立。"这样一句话，又怎样能支撑我那玻璃般的心？老师一把抱起我，怀中是泪如雨下的我，双手紧紧抱着那盆雏菊，我心灵唯一的慰藉，我哭累了，抱着那花睡了，刚一醒来，迎上来的便是老师的微笑，嘘寒问暖……渐渐抚平我的情绪，我告诉她，我不想长大，她摸摸我的头，长大了有什么不好，长大了可以学习更多的东西，可以了解更加丰富多彩的世界。老师又指了指那花，就像那花一样，只有张开，花蕾才能在外面那精彩纷呈的世界绽放。

我凝视着那花，半开的花，露出点点淡淡的花，似玉石雕琢而成的瓣儿，似透明又不透明，素雅的白笼上了淡淡的金，似那羞涩的少女蒙上了一层金色面纱，微风拂面，那花儿颤了颤，像是要落下，心中不免一揪，却又出人意料地立在那儿，那么坚韧，它在坚持着。成长的台阶，我能跨过去吗？

在老师的安抚下，我在幼儿园中度过最充实的一周，迎来第一个周末，我来到外婆家散心，那儿有我最爱的花海，在花中穿行，翕动鼻翼，呼吸雏菊的清爽，不知不觉中，天空飘雨了，我忙到一处农家檐下避雨，看门前那几棵高高的槐树。沙沙，传来脚步的声响，我回头一看，是主人的女儿回来了，淡淡的柳叶眉，一双灵动的眼睛，长长的睫毛扑上扑下，似画中走出的人，她望见我脸上那一抹忧愁，不禁问我原委。我告诉她，我不想长大，她笑了，长大了有什么不好，独当一面，回报社会，孝敬父母……

雨过天晴，阳光下雏菊花大片大片地开放，那么美，我笑了。我跨上了成长的台阶，上面的天空那么开阔，风景那么美好。

回想那个秋天，不由莞尔一笑。雏菊花开，朴实无华，有淡淡的清雅之香。

慢下来的校园时光

谷冰洁

时光像一纸小船，在迂回的小溪上兜兜转转，总是在奔腾的水流中随波转瞬即逝，而我所喜欢的是在平坦的河床上慢悠悠淌着的时光。

当早起的鸡没来得及开嗓时，校园急促的铃声已经余音绕梁；当太阳公公还没来到时，校园琅琅的读书声已经比比皆是；当月亮还没值晚班时，校园里又一轮的读书声此起彼伏。不要问为什么那么仓促，因为这就是初中的生活。

尽管匆匆，时光也有慢下来的时候。

清晨，你早早起来，伫立在栏杆旁。嘘，静静地，不要说话。你看见远方的群山被烟雾笼罩，它在教你深沉；听见人家门前不安分的狗吠，它在表达警惕；闻到风吹麦穗传来一浪又一浪的麦香，它在分享丰收。闭上眼睛，让风吹散昨日的不快，吹来今天的希望。

黄昏，饭后与好友漫步在洒满夕晖的大地上。你们对天边的云朵指手画脚，揣摩它们像什么形状，各种无厘头的想象，然后旁若无人地大笑。马致远把夕阳写得断肠了；李商隐把夕阳说得遗憾了，只有你们把夕阳讲成开心果了。最美不过夕阳红，你却觉得她的笑靥遮住了整片天空，视线被占据，她的笑脸比夕阳还美。

当繁星布满天空，你们走在回寝室的路上。黑漆漆的，伸手不见五指。你不走别人蜂拥的水泥路，却走布满泥土的蝉鸣小径。树上不知名的昆虫与蝉互相对歌。风却不甘心，吹得树叶一阵窸窸窣窣来恐吓你们。你又想起某日看过的鬼故事，心一颤。你们靠着前路微弱的光亮摸索着，往光亮奔去，然后找到出口，气喘吁吁停下来。你们笑自己太傻，心里却荡漾着挥之不去的喜悦。

你们一生都爱奔跑，爱极速，爱向未知的前方冲刺。有时候，累了，不如让时间慢下来，看看沿路风景的美丽。

"绵盐"不咸

史国澳

家里没盐了，妈妈让我买去。

盐买回来了，妈妈一看包装，怒道："谁让你买这种绵盐！不知道家里一直用粒盐呀。真是不当家，不知粒盐才是咸呀。"

绵盐，就是质地细软，样子像绵白糖那样的盐。粒盐，就是质地晶莹，样子像沙白糖那样的盐。妈妈觉得粒盐比绵盐咸，这种印象对吗？

当然，直接跟妈妈争论是无效的，拿出"过硬"的事实才能让妈妈服气。如何验证"绵盐"也是很咸的呢？

我把相同质量的绵盐和粒盐倒在容量相同的杯子里，你猜怎么着，绵盐一只杯子装不下，粒盐一只杯子装不满。对，这是绵盐不如粒盐咸的第一个原因：绵盐松软，密度比粒盐要小好多。妈妈同样舀一勺盐，体积虽然一样，但绵盐的质量要比粒盐少，这样放在菜里会感觉绵盐的咸味儿不够，要多放才行。体积相同时，绵盐不咸，是绵盐的分量不够造成的结果。

我把实验结果跟妈妈说，她却弄不明白密度、质量、体积这些名词的意思。

嗯，是我的错，不应该跟妈妈讲得太专业，还是让妈妈亲身体会一下吧——

在妈妈的见证下，我称出相同质量的绵盐和粒盐，然后溶进相同体积的水里，做出了绵盐水和粒盐水。接着，我让妈妈闭上眼睛，用筷子轮流沾两种盐水让妈妈品尝，然后区分出那个更咸。

结果，妈妈一会儿感觉绵盐水更咸，一会儿感觉粒盐水更咸。事实上，两种盐水的咸度妈妈根本没办法区分出来。

妈妈无法区分两种盐的咸度，说明绵盐不咸是一种错觉。我跟妈妈解释道："这是你的心理在作怪，一看绵盐那软软的样子，就觉得它不如硬粒粒盐咸。你只是凭'外貌'感觉绵盐不咸，其实绵盐真的跟粒盐一样咸。"

妈妈说："应该是这个理。"

其实，在生活中这种"认为某某不如某某"的例子还有很多，即是"以貌取人（物）"的错觉。消除这种错觉的方法很简单——仔细辨析，尊重事实呀。

快乐从哪里来

幸　福

吴晨瑜

"妈妈，晚饭我不吃了，今天作业多得写不完了！"

一回到家我就冲厨房里正在做饭的妈妈喊到。妈妈拿着锅铲冲出厨房，"不行，正因为你的作业多你才一定要吃饭，要不然营养跟不上的，再说吃饱了才有力气做题目，想当年我小升初……"

烦！妈妈又在传授她当年的考试心得了。"咦，什么味道？妈妈你的菜烧焦了！"幸好妈妈在烧菜，要不然妈妈当年的考试经验又会一字不落地从我右耳进去，再从左耳出来。

我来到房间从书包里拿出作业，我非常怀疑这些作业能不能在一个晚上写完。我的笔尖在试卷、书本上飞舞着。时间不知不觉地从我笔尖下划过。一个声音把我从题海中拉回现实。

"宝贝啊，吃饭了。"我从书堆中抬起头，望了望妈妈很不耐烦地说："妈妈，我不是说我不吃饭了吗？"我转过身去，拿起笔在纸上飞快地写着。

不知过了多久，背后的那一道影子消失了。

夜悄悄地来临，一切都显得那么恬静、安宁。我仍然在挑灯夜战。八点，八点半，九点，九点半……越来越晚。"咚咚咚"，几声敲门声突然响起。"谁啊？""是我。"妈妈轻声说道，好像怕打扰我写作业似的。"我给你热了牛奶还做了核桃打蛋，出来吃一点儿吧，做了这么久的题，休息一下。""不吃了。"我很干脆地回答道，"弟弟没有睡觉就给他吃吧，弟弟现在也需要补身体。"过了一会儿，拖鞋和地面发出的声音虽小，但还是清晰地传入我的耳中。十点，搞定！终于写完了，我都要累趴下了。我轻手轻脚地来到客厅，看到妈妈半身倚在沙发上睡着了，她手里还拿着那杯牛奶……我的心里百感交集，我轻轻拿掉那杯已经冷却的牛奶，正准备脱下外套给妈妈盖上时，妈妈醒了，一看到我就说："作业写完了？那你先去洗澡，妈妈去热一下饭。"说着就把桌子上的牛奶和核桃打蛋拿到厨房里去。

我呆呆地望着妈妈的背影，眼泪落了下来……

丹桂飘香

邱泽澜

香，真的很香。

婆娑的树影，将光阴细细密密地编织成一个宁静的午后，有几朵云悠闲地飘过，我漫步在这层层阶梯上，嗅到了缕缕的幽香。

沿着台阶，我又朝前走了几步，香味愈发浓郁。我抬起头，望见一大簇绽放的桂花，她们紧紧挨着，细密的花瓣，在风里舒展着美丽的身姿。

我沉醉其中，贪婪地吸了一口，记忆仿佛随着这丝丝缕缕的芬芳飘散开来，将我整个笼罩。

我从来都不知道桂花是何时开的，就像我从不知道第一片枫叶是何时红的，学习与生活的压力，让我不得不加快自己的脚步，所以，每每闻到桂花的香味时，她们都已是开了大半，直到顽皮的孩子把细密的花瓣纷纷扬扬地洒满一地。

直到今年的某一天，当我漫步在经常走的一段长长的阶梯时，我突然停下了脚步——我嗅到了一丝极淡的但又不容忽视的香味，这香味使我忍不住转过身。

十几个零星的小花苞隐在层层绿叶里，细小的花瓣还未完全打开，只有淡淡的鹅黄色，然而有一朵却抢在秋天的前面，在不引人注目的地方，在丝丝缕缕的柔风里，颤动着。在那一瞬间，我的心里升起一个奇妙的念头，仿佛这小小的花里承载着一个世界。

于是，这段我曾经无数次走过的阶梯，无数次错过的美丽，终于在这丝丝缕缕芬芳中，与我邂逅。

时间如水，这满路的桂花开了又谢，谢了又开，我仍然是一次又一次地路过，只是每一次我都会抬头看看，那细碎却动人的小花，在无声的岁月里，静静地诠释着另一种美丽。

快乐从哪里来

王音原

看到一篇网文，很有趣，也值得深思。"钱可以买到娱乐，但买不到快乐；钱可以买到朋友，但买不到友谊；钱可以买到纸笔，但买不到文思；钱可以买到书籍，但买不到智慧……"老师说，幸福和快乐与金钱无关，快乐与幸福源自内心。

和好友共享一个玩具，和家人共享一顿午餐，开心地在草坪上打个滚，这样的快乐很便宜。是的，一个平凡人小小的幸福，令亿万富翁也羡慕不已呢。

可是，我怎么就没有快乐的感受呢？那一道道烦琐的数学题，真让人心烦气躁。这样的日子已经延续了很久，我只感到压抑，难受。

听同学说毓园池塘里的石头浮了上来，可以走人了，算了，去散散心吧。

真冷！走在毓园里，吹着瑟瑟凉风，不禁缩了缩脖子，抖了抖手，跺了跺脚。原本昏昏欲睡的头脑也毫无倦意了。

心，怎么也沉静不下来。

走在木桥上，久久凝视那涟涟秋波，它们和着风，逐着浪，走向远方。

不知不觉，我闻到了荷花所发散出来的清香，眼前浮现出一幅优美动人的荷花争放图。有的含苞待放，有的散开了三两瓣，还有的早已看透人间繁华，渐渐凋零。那朵朵荷花，片片荷叶，淡淡清香，将我内心深处的不安与急躁，洗涤干净，还我应有的宁静。

回了神，发觉太阳已渐行渐远，荷花的踪迹已无处可寻，石头却露出水面少许。要走吗？走吧，试一下。

先用左脚探了两步，右脚有些发抖。

"扑通！""啊！"我赶忙收回脚，仔细一看，原来是只蛤蟆，也许这是夏末的最后一只蛤蟆吧。掂量了半天，再次鼓起勇气，双脚径直跨了上去，给自己打气，双眼却不由自主地闭了起来。慢慢地、慢慢地，我调皮地先睁开了一只眼，眨了眨，又睁开了另一只，却又快速地闭了起来。数秒后，忽地瞪大双眼，直视前方，再次迈开步伐，却不同上回，而是直接瞄准目标，快速奔到了对岸。站定，神定。回首看那踩过之地，只剩惊魂未定。其实也挺好玩嘛！又来回走了几遍，发现当初的胆小是多么可笑。

心，渐渐快乐起来，太阳却无影无踪了。

上课铃响了，恋恋不舍地回眸看那仙境般的美景，一个不经意的转身，却发现了一种虽平凡却带给我震撼的植物。它的叶子红红的，像枫叶，却更小，更美。轻轻摘了一片完美无瑕的叶片，夹在书中，心满意足地回了教室。

哦，原来快乐也源自身边的风景！

萤火虫公益行

王　栋

天刚刚蒙蒙亮，我便急匆匆地赶往我们的新教育萤火虫诸城分站公益活动室，老师要带我们跟随"越野e族"的叔叔阿姨到桃林去。

终于出发了，越野车为我们开路，浩浩荡荡，我们别提有多兴奋了。车子一直往南开，山越来越多，同学们一边观看着山景，一边海阔天空地谈论着，欢声笑语此起彼伏。

汽车转过一座山，走上了山路，这里道路狭窄，一辆车走还可以，要是两辆车交汇在一起的话就出现了问题，汽车在崎岖的山路上颠簸，两旁的树迅速往后退，远处的梯田在向我们驶来，山上的泉水顺着石头往下流，叮叮咚咚，仿佛正演奏着一曲美妙的音乐，让人感到心旷神怡。

经过一个多小时的行程，车队终于在一个小山村里停了下来。同学们一窝蜂似的挤下车。清新的空气迎面扑来，我情不自禁地做了个深呼吸。有的同学说："这也太好了，有山有水而且低碳环保，真是人间仙境。"然而村子里的景象却令我吃惊。没有高楼大厦、没有汽车，低矮的房子，狭窄的道路，就连人们的穿着也很朴素，与我们生活的城市简直是两个世界。我满是疑惑，和大家一起把慰问品搬到村委会，然后再分送到孤寡老人。

我们抬着大米、面粉，拎着大礼包，跟着几位叔叔走进了一户人家。石头垒砌的院墙，低矮的旧房子，里面住着一位老爷爷和一位老奶奶。两位老人的年龄已经很大了，满脸皱纹，身体佝偻。一进屋，一张遗像摆在正前面，把我吓了一跳。经他们的邻居解释我们才知道，他们的女儿过世了。老来丧女，多么悲惨的事啊。再看看整间屋子，只有几件简单的家具，有的椅子都掉了一条腿，只好用一根木棍撑着。桌子上摆着两个碗，一个放着自家腌制的咸菜，另一个碗中的馒头都裂开了皮。我何曾吃过这样的饭？我们送上慰问品，老奶奶激动地说不出话来，老爷爷握着叔叔的手，一个劲儿地说："谢谢，谢谢，好人呐！"叔叔和他们亲切地谈论家常，老人们的脸上露出了笑容。站在一旁的我不由得对叔叔肃然起敬，有了他们的爱心，两位老人一定会觉得这个冬天比往年更温暖。我终于明白老师安排这次活动的目的了。

回家的路上我不再大声说笑，我的心灵受到了一次洗礼。耳畔又响起了那首老歌《爱的奉献》——只要人人都献出一点爱，世界将变成美好的人间。是的，只要我们每个人像萤火虫一样发出一点微弱的光，这世界会更加光明、美丽！

静 夜 听 雨

段嘉婷

　　从小到大，不知经历了多少个下雨的夜晚，雨落在夜里，亦是落在我小小的心上。

　　记得儿时每每到了雨夜，似乎总是彻夜不宁的。窗外老树的枝丫摇摆不定，在房间的墙上投下了可怖的黑影，黑影有时会被晚归人的车灯吞噬。可那却是我最恐惧的时候，总觉得黑影既然不见了，那一定是正在向我扑来，如果此时楼下传来几声犬吠，我心中的恐惧更是到了极点，但也只好一声不吭钻入被子。昏昏沉沉过一夜，好不容易熬到了早上，推开窗，晨风裹挟着泥土的芳香，矮小的灌木上水珠晶莹，一地的落红不知埋葬了哪位佳人的心事。这是无论如何都无法与前夜的疯狂联系在一起的，心中残存的半点不安更是早就没了踪影。也许这正是应了余秋雨先生《夜雨诗意》中的那句"夜雨款款地剥夺了人的活力"，因此夜雨中的想象又格外敏感和畏怯吧！

后来长大了，我反倒对雨产生了一种无法言说的依恋。搬家后的窗外再没了老树，成串的街灯在雨中恍惚着，与雨雾氤氲成昏黄的一片。抱膝坐在飘窗上，脑中回荡着那句"玻璃窗冰冷冰冷，被你呵出的热气呵成一片迷雾"。你用温热的手指划去窗上的雾气，看见了窗子外层无数晶莹的雨滴。一边想，手指也跟着无意识地划动起来，透过窗子看到了万家灯火闪动，跳跃着暖意。我总觉得雨夜是神秘的，它催促着忙碌的人们早早归家，寻找被工作埋没的东西。其实无论是谁，他的一生中像这样的场景总会不断上演，也许是在自家窗前，在办公室中，抑或是在远去的车厢中，无人知晓。但那布满水汽的窗是相同的，冰凉细腻的雨从窗外淌过，仿佛可以冲去一切似的。

抛去了儿时无知的恐惧，我感叹着夜雨虽诗意，却多是哀伤意，因为在雨夜里，我感受到了千年前巴山夜雨里的长相思，感受到了卧听风雨时入梦的铁马冰河，感受到了骤雨初歇那泛着愁思的月光。但又忽然忆起"空山新雨后"的清新素雅，想象着"天街小雨润如酥"的勃勃生机，最后发现夜雨中原来亦是有欣喜在的。

我一次次品味夜雨，重温这延续千年的生命力，然后踩着泥泞，走向未来。

感　动

任昕一

一天早晨，天起了一层雾，很薄，像一层轻纱将天地笼罩。我走在一条幽静的路上，宽阔的马路上只有一个老大爷与我同行。往前走了会儿，那位老大爷就要穿过马路到对面去。忽然，一辆车飞快地冲过来。

虽然已经减速了，可还是刹不住。老人不小心被车擦到摔倒了。开车的人从车上下来看了一会儿又回到车上。

看到这里，我不禁冷笑一声，心想：那个开车的人肯定会逃，这里又没有摄像头。我也得快走了，省得被冤枉。可接下来的事情发展却超出了我的预料。

开车的中年人又下车了，他拿着手机打了个电话，然后快步走到老人面前问："大爷，你觉得怎么样？"老人连连摆手说："我没事，你不用管我。"中年人又问："你真的没事？你没事我可走了。"老人肯定地回答：

"我没事，你走吧。"中年人走了两步又折回来不放心地说："您站起来我看看。"老人手撑地挣扎了半天终于站起来了。中年人又说："您走两步我看看。"老人走了两步。

中年人上车之前回头对老人说："你真傻，如果你说你有事我就会给你钱了。"老人笑着说："你也很傻，你这样被人骗了都不知道。"

看到这一幕，我羞愧万分，为之前的想法，也为我看错了人心。

感动来自于点滴小事，像这样不逃避责任的行为就很让人感动。我希望世上多一些令人感动的事，这样我们的世界会更美好。

幸福的蛀牙

王　辉

和母亲在地里摘胡椒，还没到中午我们就回家了，因为她的牙疼得实在忍不了，得回家喝止疼药。我欢天喜地地扔下手中的活就走了。

后来，我被父亲带到牙科那拔了一颗牙，因为右边的小虎牙长出来太迟了，变成了斜牙。眼泪一直在打转，可我倔强地硬没让它流出来。花了整整五十块钱。爸爸的下门牙缺一颗，他说那个时候拔颗牙要十块，没舍得拔，现在却要一百多，要是早拔了就好了。我低下头看地，什么话也没说。拔了牙，牙根松动，有时候咬点儿硬东西，感觉上边的牙齿都在摇动。我们便一起骂那个"庸医"。

再后来，母亲也去"庸医"那看牙了。母亲的上一颗门牙先是变黑，后来掉下来一小块，再后来，被我给她的梨害得全掉下来了。说话漏风，咬音不准，我们都笑，却又不自觉地没了笑。母亲还很年轻啊，怎么现在变得跟老太太似的，连牙都掉了！我炒的土豆她都吃不了，这是什么时候的事呢？她上初二的小女儿，还没太弄明白这突如其来的改变。"庸医"（我们习惯了这么叫他）说如果把材料粘上去不牢靠，可以把周围的牙磨小了，再带上套就可以，但比较贵。母亲看着父亲，父亲本在床上躺着，这时猛地坐起来了，说"再贵也要做"。于是"庸医"又开工了。做好后母亲的牙很漂亮，整个人都精神了，可她还是不肯咬硬的，她怕又给弄坏了。

可恶！怎么我的牙上有黑东西，怎么刷也刷不掉，母亲说这是龋齿，得赶紧治，否则就像她的门牙那样掉了。无奈，我再次被强行带到"庸医"那里，他一会儿敲敲，一会儿拿水冲，难受死我了。这之后，母亲有事没事地就跟父亲谈论我的牙。

前两天，房东老太太说我爸妈来过了，给我拿了饭。急忙冲到二楼上，饭盒下边躺着白大米，上边静卧着一颗鸡蛋一根鸡腿，还有其他的菜肴，那一刻我真是激动坏了，老爸老妈真是越来越厉害了，他们怎么知道我想这些宝贝了？周末回家，才知道母亲的牙套又掉了，现在吃饭都快成问题了，玉米正嫩她却啃不动，我买的新疆人做的馍她更咬不了。看着她，我突然说："妈，等你老了，我就当你的牙，你想吃什么咱就吃什么。"母亲笑了，笑得很开心，可我分明看到她转身的时候，很快地在脸上抹了一把。

　　返校的时候，听他们还在嘀咕着说，我的牙有两颗龋齿。我笑笑，其实，并不一定有了牙才能吃到好东西，好东西也不一定吃了才好，更重要的是那颗心。好东西要用心才能品。

就这样被美征服

周　乐

　　世间万物，都有自己独特的美。每个人也许都有被美丽打动的那一刻，或许是高山流水，层林尽染；或许是夕阳欲颓，暮霭沉沉……而提到美，思绪总能飞回那时，那段静好的时光，以及那追逐梦想的人……

　　那是个夏日，蝉儿们像一位位平庸的演说家，闷热的空气让人昏昏欲睡。我随朋友一起去画室。开始只是好奇，却没有想到此行令我终生难忘。

　　不足二十平方米的屋子，挂满了各种风格的油画，仿佛置身色彩的海洋，每一寸仿佛都要被吞噬在一波一波涌来的海浪中，四周只有寥寥几位作画的人。

　　角落中的一个男生格外引人注目，颀长的身影如一只优雅的丹顶鹤。他浑身上下散发出一种独特的气质，让我不禁走上前去观看。

画板上，一幅将要完成的画作映入眼帘，画面近景，是满地的金色，活泼明媚，使人嘴角不自觉地欢快上扬，画面远处的湖泊蓝得澄澈深邃。画面两边是许多的白桦。它们高拔如长剑，仿佛在画里缓缓地生长。细看这幅画，好似跌进一个风光旖旎的梦境，每一寸都绽放着无与伦比的梦幻和美丽。一个个色块延伸着，流淌着，如同森林深处的静谧。夏日的浮躁、聒噪的蝉声、闷热的空气、黏腻的汗水，似乎都被一阵清凉的风吹走了，唯有宁静随着男生的画笔应运而生，弥漫在我的心中。

一切平庸都不复存在了，唯有那种美——穿越时光、穿越呼吸、穿越感官，直击心中某个温柔的角落，只一刹那，我深深地被这种美征服了。

这画是临摹的列维坦的名作《白桦林》。仿佛一首乐曲的戛然而止，男生忽然停住画笔，我也从梦境中回到现实。

在接下来的攀谈中，我了解到他是高二的学生，学画已八年。八年里无数次因各种原因想过放弃，可紧握画笔的手，却是一直也没有松开。"会一直坚持下去的，将来的某一天一定会有我自己的画展。"他说。

我又一次被美征服了，不仅是画作，更是他眼中闪烁的、关于未来的憧憬。梦想多美，它能让一切不可能变为可能，对于那个男生，我唯有深深的祝福，愿他的未来少些荆棘，多些坦途。

我就在这样一个夏日，被"美"征服。并且领悟到：只要心怀梦想，人也会变得更美。

愿作清风伴君旁

马 静

　　风中，你遗世孤立的姿态恍若一位仙人，不染人间烟火。你的琴声悠扬，余音袅袅，不绝如缕……

　　弦断。贵人至。

　　你终究为他的三顾茅庐所动。是啊，士为知己者死，怎能不心动呢？隆中一对，才知，你原是心系当下的。他知你、懂你，你便甘愿为他鞠躬尽瘁，死而后已。

　　多少次你亲临前线，与战士们并肩作战，多少次，你运筹帷幄，决胜千里……你想回报他一个太平天下。

　　我愿化作一缕清风，午夜梦回的时候抚平你紧蹙的眉。我在耳旁悄悄地问："这样为玄德，值吗？"但我明白，你甘愿以死换知己。梦中你浅吟《梁甫吟》，原来你依然心念陇亩……

　　是否你曾想过匡复汉室后重归自然？是否你亦曾想大

快乐从哪里来

业成就之后再抚琴与观鹤？先生，我一直在想，你是怎样的一个人。上天为何会造就如此完美的人？你的大度、才智、忠心……都令世人倾倒。

玄德卒，你悲痛欲绝。

白帝城托孤，成千古佳话。或许本是值得的，因为他信你，可正因如此，你又怎么可能取刘家江山而代之呢？你呕心沥血地辅助后主刘禅，你无怨无悔，唯恐对不住先帝在天之灵，你只恨阿斗为何这般不争气。长叹一声，只道是奈何。

出师未捷身先死，长使英雄泪满襟，偏偏这五丈原成了你绝命之地，如何不叫人痛心？你走了，大业未成，带着遗恨走了。但是，先生，那个世界你不寂寞，我依旧是一缕清风，无论多少次轮回，都愿伴在君旁，听你绵绵不绝的琴音响彻苍穹……

先生啊，如果你感到今夜的风稍带湿润，那么，便是我在为您流泪。我泣下，为你"携剑随君去"的潇洒；为你"单身联吴"的勇气；为你"借东风"的智慧；为你"出师一表真名世，千载谁堪伯仲间"的忠贞；为你"六出祁山，七擒孟获"的永不言弃；更为你壮志未酬的遗恨……

人终有一死，天堂的花开得尤为绚烂。先生，这儿依旧是您的陇亩，愿我化作一缕清风，拂去您的汗水，琴舞相伴。这个世界，您不孤单……

你是我最美的遇见

周轶群

老房子里大家围着一个咿咿呀呀的小女孩儿看个不停。她还不太会走路，身上还散发着小孩儿特有的奶香味。她正用肉肉的小手指着正为他冲奶粉的男人，吃力地挤出来两个音节——爸爸。从此开启了语言的大门，在她生命的发轫之际悄悄绽放了。

我就是那个小女孩儿。可以说，在我成长的这些年里，每一分每一秒都是因为文字而变得无比充盈。读书和写作牵引出我灵魂中最洁净的东西，让我无数次听到幻想与现实的齿轮完美重合的声音。

印象最深的是小时候读《金缕曲》，看到一句"我亦飘零久，十年来，深恩负尽，死生师友"。当时只觉得悲从中来，至今依然还清晰的凄凉感像潮水一样"哗"地涌上心头，酸涩感覆盖了我的眼睛。也许就是在那一刻，我感知到原来世界上还有一股力量，可以将世俗和污秽完全剥离，将我一直以来对世界的困惑和追问以纯净的姿态呈现在我的面前。

一点一横一撇一捺的文字。

曾经在写作的过程中，有过很长一段时间的自我怀疑。但我只能在不停地书写中去摸索答案。这种循环也许漫长，甚至没有终点，但我乐在其中。文字带给我骄傲和荣誉，但那都是附属品。我未曾有过书写奇迹和真理的雄心壮志，只希望能够保持最原始的真挚和坦诚。写作，像是在摧毁着什么，又像是将什么于无声中重新构建，我在其中与真实的自己赤诚相见。

我想说，能在最美好的年纪里与你相遇，就像遇见南极天空一束绚丽极光，梦幻的白绿色衍生着，哪怕未来的千百年都是极夜，我也相信，我的世界不会再有黑暗。

第一次看海

周伯仲

　　我们每个人的生命中都有许多经历，这些经历或者美好或者悲伤，但都令人刻骨铭心，每一次都犹如一抹瑰丽的色彩，在我们人生的画卷中添上浓墨重彩的一笔。第一次看海的经历，就是我人生画卷中绚丽的一笔。

　　以前每次提到大海，我一直都没有一个清晰的概念，脑海中只是反反复复地回旋着一个字——蓝。是的，我爱蓝色，它将纯洁和神秘抒写到了极致。于是，我便一直想看海，亲自感受一下大海那忧郁的蓝色。所以，去年暑假，我和爸爸一路颠簸，来到了青岛金沙滩看海。

　　到了金沙滩，我光着脚走在海滩上，慵懒的阳光洒满整个沙滩。沙滩上有大大小小的贝壳，还有一些闪光的小碎石，在阳光的照耀下，散发出耀眼的光芒。

　　站在海边，抬眼望去，眼前只是无垠无际的蓝色。

深深浅浅的蓝，没有想象中的忧郁，相反，它明亮、干净又纯粹。这是我第一次看到大海！那么广阔、那么美丽、那么让人心旷神怡！远处的波涛一波接着一波地涌来，偶尔触碰到礁石，发出美妙的声音，那是只有大海才有的声音！我的激动已经难以言表。面对眼前的大海，让人想高歌、想沉思、想大笑、又想流泪。面对着大海，所有的烦恼和忧愁都一扫而光了，心也被这大海染成了活泼明亮的海蓝色。我很自然地联想到了诗人海子的一句诗："面朝大海，春暖花开。"以前我也用过这句诗，但此时我想，只有真正见过了大海，才能更深刻体会到它的含义。

走进大海，任浪花漫过我的双脚，涌上膝盖。海水的清凉沁人心脾，滋润着我的肌肤。我冲着大海高声呐喊，可声音与澎湃的海浪比起来，是那么微不足道，很快被浪花吞没在潮水中。我不禁心生感慨：我在大海面前，是那么渺小，既然这样，我何不拥有如大海一般宽广的襟怀呢？我何不做更多有意义的事让生命更加伟大呢？

较 真 儿

常子超

作业似乎越写越多。窗外孩子的嬉笑声快乐得有些过分，使我更加烦乱。

这道题太难了！我还有很多有趣的事情要去做，和它较什么真儿呀，明早照同学的抄上算了。我给自己找个借口，走出门去。

小区的空地上，孩子们玩闹着。长椅上有个女孩儿正在玩积木，她的妈妈拿起一块，帮她放在一些搭好的积木上面。

"妈妈你这样搭不对！"

"嗯？"

"你没有摆正，搭高了以后很容易塌！"孩子一边说着，一边拿手摆正。

她的认真让我惊异，忽然想起一件旧事。

几年前，我和妈妈去一家理发店剪头发。

这家店的装潢没什么出彩的地方，生意却很好。

我坐在椅子上等。不一会儿一个人走到身边，我低着头，没有打量来人的样子。

"小朋友想怎么剪？"一个温柔的声音问向我。

对声音的好奇使我抬了抬眼，她三十多岁，一头栗棕色的短发，个子不高，神情和店里其他的年轻店员不同，带着点儿严肃，却又不失对客人的尊重。

我回答："短一点儿就可以。"

她剪得很认真，总要左右来回转转，找出不齐的地方，加以修正。这期间没有像学徒们一样的犹豫，每次下手都干净利落。不到五分钟，她就剪好了头发。我看向镜子，刚刚好的长度，正值夏天，只觉得一阵清爽。

她收了钱，抬起头笑得诚恳，"慢走啊。"

她的笑容很舒心，连带着我的心情也好了起来。正准备和妈妈离开，忽然听到她严厉的声音："这里怎么这么长，你是怎么给人家剪的？"她指着一位正准备付钱的顾客的头发，质问一个员工。

客人倒也随和，笑着说："是吗？我都没注意到呢，没事的。"

"重新剪！还有，不准收钱。"她怒气冲冲。

被训斥的是个年轻的姐姐，应该工作不久。我看她快要哭了，却无力反驳，只得返工。

其实，那撮漏掉的头发根本不足挂齿。

原来为我剪头发的是这家店的老板，她是店里最忙的人，又要剪发又要收钱，收钱时还要检查店员有没有把头发剪好。那一瞬间，我觉得她特别帅，就像战场上一丝不苟的指挥官。

后来由于学习忙，我已经好久没有去剪发了。

前几天，妈妈去剪发，回来自豪地跟我说是老板给她剪的。

"就是以前咱俩去过的那家店，你还记得吗？她也给你剪过。"妈妈说。

"嗯，那里生意还好吗？"我问。

"人多着呢！我排了好半天的队。"

对待一块摆偏了的积木，一小缕似乎可以忽略的头发，有些人视而不见，可小姑娘和女老板却选择"较真儿"。"较真儿"不正是事业成功必备的要素吗？实现民族复兴的"中国梦"不正需要这种"较真儿"的精神吗？

我在外面平复了一下心绪，决定无论如何也要把那些题做完。

台　历

覃　懿

书架上放着一个台历。红色的底座，白色的纸页。

第一页，印的是我在地球上最想去的地方——埃菲尔铁塔。铁塔的侧面，边上绿树成荫，铁塔矗立在不远处，在阳光的照射下，呈现出金黄的色彩。天空是翡翠般的绿蓝，飘着几丝云彩。在铁塔的旁边，有个半蹲着的女孩子，双手捧起相机，正记录这美丽的时光。铁塔下面，有着淡粉色的隶书，表明了年月。

翻到第二页。右边是一月份的日历，左边是我。这是我一岁生日的照片。我身着黄色背带裤，上面还印着一只白色的戴红色领结的小老鼠。背带裤里面是淡粉色的毛衣，这是妈妈亲手为我编织的。我的头上戴着卷曲的棕色的假发，妈妈说我十一个月时已经会走路了，在家中到处溜达，不小心撞到了那面穿衣镜，从此头上留下了一道长长的疤痕，好像那时的我，戴着假发，只是为了遮盖住那道长长的疤痕吧。我站在滑梯的边上，左手轻扶在栏杆上，两只眼睛带着好奇，渴望地看着滑梯上面，嘴巴咧着，不知看见了什么，无比兴奋。也许是衣服太厚吧，显得我好胖，曾经看见妈妈在给我记录生活的日记本中记录过，将我打扮成这样，俨然是一个洋娃娃。

二月份的日历，我两岁了。我坐在托儿所的滑梯上，已经有了刘海，头发短短的，刚长到耳朵的一半。

三月份的日历，我三岁了。我身着蓝色的牛仔衣，发型没变，只是这张好像是和瑜伽老人沈维德爷爷一起练瑜伽时拍的。那时，我们住在上海，经常会到鲁迅公园和沈爷爷一同练习瑜伽，他曾经让我盘腿坐在他的一只大手上，并将我托起，我只记得，那时的他确实很厉害，虽已七八十岁，却还柔韧得与刚出生的婴儿一样。

四月份的日历，我四岁了。那是在上海动物园。我穿着粉色的毛衣和牛仔裙，在春天，因为身后的梅花已经开花了，紫色的，点缀在灰灰的树枝上，瞬时充满了生机。

五月份的日历，我五岁了。这时的我已经来到北京。我双手叉腰，一脸得意，站在北京少年宫的地板上。那时，我们去听了一节京剧课，他们正在教京剧里面的上台，就是翘着兰花指，快步走。我在下面比画了几下，谁知那里的老师就叫我上去了，站在他们的队尾，跟着学，那位男老师和蔼可亲。

六月份的日历，我六岁了，已经扎起了两个小辫子。

七月份的日历，我上小学了。开学典礼上，我的胸前别着大红花，火红火红的，可抢镜了。头发已经好长了，满脸自信，对比上一张，真是长大了。不过那神态有点儿骄傲，现在想起来，好奇怪。

八月份的日历，我八岁了。这张是我戴着眼镜照的，背景是哪里，早已不记得了，只是后面有一块大石头，上面凿出了两只大手，我的小手扣在那两只大手上，相差甚远啊！

九月份的日历，我九岁了。我背着轮滑鞋，在一个公园的雕塑旁，扶着那个雕塑的大腿，照下来的。前面的牙已经换完了，从以前的小牙，变成了现在的大板牙，整个比原来大了好大一圈，并且脸也变长了。

十月份的日历，我十岁了。哦，天哪，变化好大，我扎起了马尾辫，在黄色的花丛中。这是在奥林匹克森林公园，里面的与我一样高。

十一月份的日历，我十一岁了。这是我变化最大的一年。这还是在奥林匹克森林公园，只不过是秋天。我坐在木头的栏杆上，背后是倒下并枯黄的芦苇地，我穿着蓝色的牛仔衣，白色的毛绒帽子搭在衣领处，系着淡蓝色的围巾，夕阳照在我的脸上，刘海快要遮住了眉毛。

十二月份的日历，我十二岁了，也就是我制作这个台历的时间。夏天，我身处莲石湖公园，那里的湖别具一格，样式如梯田，层层叠叠。我站在上一层的边缘处，就好像站在湖中，穿着白色的上衣，刘海变成了斜的，已经十分接近现在的我了。

翻看着，回忆着，一段段不完整的画面在脑海中浮现，时间在流逝，我，在长大。看着照片中这个不断走向成熟的女孩儿，好像并不是我自己，而是另外一个女孩子，用脚步，用双手，留给时间的画面……

距　离

倪　安

有时，距离很短，纵是千丈，亦不过是咫尺；有时，距离很长，纵是寸厘，却相隔很远。

守望长长，是一个又远又近的距离。

1

你站在大山的巅峰，站出了一个令人肃然起敬的高度。

你离我们很远，千山之遥；你离我们很近，心心相连。

你握紧了手中的钢枪，你握住了人生的信念与刚强。军帽和一身橄榄绿，让你挺起了高傲的脊梁。那庄严的国徽，让你明白了使命的重量。

寒风呼啸，昼夜更替，你挪了挪位置，目光依旧炯然。在你的眼神下，觊觎的目光止住了前进的脚步。

然而，在你的目光中，却闪烁出临别时恋人飘飘的衣袂和父母那佝偻的身躯，那眼神，那不断挥舞的手臂，那模糊的双眸……

四季更替中，你守望着一个和平的世界。

我们相隔千山之遥，是守望把我们从遥远变为咫尺。

2

你的身后是沉默的黑板。

你的面前是明亮的双眸。

立于三尺讲台，手握一份虔诚，执三寸粉笔抒发万丈豪情。面对一双双渴求的眼睛，你用心灵将他们送过了一个又一个岔路口。

日复一日，你固守黑板的黑，粉笔的白，孤灯的黄。

岁月，染白了你的黑发；时间，压弯了你的身躯。

匆匆的岁月在一张年轻的脸上印上一重又一重的烙印，你不语，播种着春天的希望，你坚信"桃李不言，下自成蹊"。春天到了，希望凝于指尖，春的气息，嫣然冒出……

你守望着桃李芬芳的世界。

守望长长，缩短了无知与智慧的距离。

3

太阳已缓缓升起。

稻叶正青，手起锄落，那坚实的锄头耕种的是绿的希望。刹那间，已融入了一个绿的世界……

你赤着脚蹲坐在田间，从口袋里掏出半截旱烟，烟缕袅袅……你笑了，笑容中怀揣着沉甸甸的希望。

你守望着一个五谷丰登的世界。

守望长长，缩短了我们与耕者间的距离。

4

夜已深，屋中依旧明亮，一盏明灯在屋顶上摇晃，摇摆的老爷椅正吱吱哑哑地响个不停。一位腰已佝偻的妇人，正低头用粗糙的手缝补着那一件校衣，寒风袭袭，但她依旧温暖如故，她微笑着，桌上摆着三好学生的证书……

她用缕缕针线缝补了亲情，缝补了岁月与思念。

她守望着一个爱的世界。

守望长长，缩短了母亲与儿女的距离。

日出日落之间，我们是一群虔诚的守望者。不管前方道路是否依旧，我们的脚步仍迈向远方；纵使相隔千里，

也不过是咫尺之远。纵是天涯海角，也不过是一瞬之间，

　　因为，我们用守望将天涯凝为咫尺；因为，我们用守望将咫尺伸展成远方。

哆 来 咪

王世佳

"哆——来——咪，咪——来——哆，哆——来——咪——来——哆。有破布头旧棉絮换糖吃喽！"像一只只隐藏在树叶间的小雀，不知从哪个街头巷尾跃起，一群小孩子一下子聚拢到换糖佬跟前。

那时候，糖是用些旧物换的。一些旧书啊，旧报纸啊等等可以换上橡皮大小的麦芽糖，因此，走街串巷的换糖的人又被叫作换糖佬。

常在我们这儿换糖的是个瘦老头儿，戴着竹皮已经有些剥落的旧草帽，耷拉着似醒非醒的眼睛，似梦非梦地游走在各个街头巷尾。嘴上总叼着根短笛，带着那个时代特有的倦怠和滞重，脚下的一双草鞋也极合时宜地应和着，在青石板上打着慢悠悠的拍子。由夏天微醺的暖风带着，流浪在各个寻常巷陌。

这调子就像山林中的一声长啸，哗啦啦惊醒歇在枝梢上的鸟，和正打着盹儿的我们。抱着积攒许久的旧东西，兴冲冲地向外奔去。临出门前又瞅瞅，总觉得不怎么够，便四下张望，寻思着再制造些旧东西出来。

那时，总暗自窃喜有一个当老师的爷爷。翻箱倒柜，总能找到爷爷珍藏多年的宝贝，但在我看来这些宝贝约等于破布头棉絮的旧书、旧报纸、旧杂志，被我塞得满满一怀，直到再也拿不了，才一步三顾，恋恋不舍地迈出门去。爷爷每每看到被我"扫荡"过的家，跳着脚十分痛心疾首，却也不曾说过我，他最疼的孙女干什么都可以被原谅。

出了门，你瞧，巷口那棵榆树下围了一圈小脑袋，黑压压的一小片，手里捧着花花绿绿的或新或旧的东西，等着换糖吃。一群小贪吃鬼中的换糖佬这时反而不急了，像是故意吊胃口似的，慢悠悠地把扁担放下，摘下大大的草帽，一屁股坐上去。优哉游哉地从扁担一头中的小竹箱中拿出把没柄的菜刀，另一只手接过捂得热乎乎的旧物。轻皱着眉头，放在手里掂上几下，心中估摸大概的分量，脸上皱纹展开几分，满意地点点头。转身将旧物放进一侧的箩筐中。

麦芽糖又粘又硬，石磨似的。光靠那柄豁了口的菜刀（据说寓意是豁然开朗）是怎么也切不开的。他用硬物在刀背上狠狠敲几下，"叮叮——当——"一声才切下来窄窄一条。

"换糖佬佬三铙头。"这话错不了，哪个嘴甜的说上几句好话，央上几声。又是"叮叮——当——"一声，便又切下薄薄的一片。便再央几句"再添些，再添些"，便又是细细的一丝。这时才心满意足地捧着糖走了。因为已经三回了，再添，他可就要恼了。

瘦老头的麦芽糖是农闲时节自己家用麦芽做的。乳白色的糖，点点泛着米黄色的光辉。能拉好长的丝，绕在竹筷子头上，缠成个圆滚滚的糖球。光是看就够赏心悦目的，还哪里舍得吃呢！有麦芽糖的晚上，连梦都是甜的。糖中带着一点点清香，甜中夹杂几分涩味，像秋天的味道。吃完咂摸咂摸嘴，那滋味，叫幸福。

我不爱吃糖，麦芽糖算是个例外。现在看到麦芽糖也总忍不住童年的骚动，常买来尝一尝。买来的糖比瘦老头的不知要精致多少倍。但始终觉得少了些什么，是因为不是用旧东西换的，还是因为少了那没柄的菜刀叮叮当的声音？现在只能偶尔吃上几口，然后细细回味，找找那些年瘦老头的麦芽糖遗留下的一两分残存神韵。这时，闭上眼，耳边似乎又传来熟悉的旋律。

"哆——来——咪，咪——来——哆，哆——来——咪——来——哆。有破布头旧棉絮换糖吃喽……"

骨 折 之 后

邱晋戈

我的骨折来得突然。那天课间我和同学在教室里追逐，追我的同学速度很快，眼看就要被追上了，我体力也渐渐不支，只好躲在楼上。回到教室时，那追我的同学一下子从门后跳出来，我吓得又跑起来，不知怎么就撞到墙上了。我倒向左边的桌子。整个晚上的课我都抱着脚呻吟，痛不欲生。第二天中午爸爸才来，看到我的脚还肿着就带我去医院。不看不知道，一看吓一跳，医生说我的两根脚趾骨折了。刚开始本以为贴个止痛膏就好，没想到断了两根脚趾头，这下严重了，止痛膏变成石膏。

因此我在学校里多了几个装备——轮椅和拐杖，不过这也让我常被同学"虐待"。小学的一个同学现在看到我坐轮椅特别开心。打我一下就跑，看我没办法，回来再打一下，然后又跑。就这样来来去去，打打跑跑，玩得不亦乐乎。

去教室往返的路上也不得安宁，很多同学争着推，不是太慢就是太快，偶尔有推得快的就是想玩，快得震得轮椅都要散架了。更夸张的是有人说要玩漂移，在大弯道用力一甩椅子就产生了离心力，椅子被甩出去了。他们高兴了，我可吓惨了。同学问我坐轮椅一个多月，不用自己下来走路是不是很爽，我说："爽？是太爽了！一个星期五次'车祸'。你知道生命被掌握在别人手上的感觉吗？你知道被人故意骂一句打一下，而又追不上他的感觉吗？坐轮椅真的不爽。"

最可怕的是上楼，每次走楼梯都是痛苦的回忆。在校的一楼倒没关系，我家在六楼，没电梯，上楼梯时两手使劲儿扒着扶手，一脚一脚地跳上去，才上两层脚就酸得无法动了。一步、一步……经过十来分钟的挣扎终于到了家。途中我还有爬回家的冲动，每次上楼是在危险边缘跳跃，如果失去重心或打滑我就要滚楼梯了。看着"高不可攀"的楼梯终于被我踏在脚下了，心里比爬上珠穆朗玛峰还要高兴。

行动不方便，在校期间是妈妈一直送饭给我，一天中午我看了眼妈妈的头发，心里咯噔一下，妈妈的白头发又增加了。想想从小到大一直让她操心，心中过意不去。看着妈妈的头发，心里不由得心酸起来。

海伦·凯勒说得对，一个人失去了身体上的一样东西，就会更加珍惜它。这次骨折的经历让我明白了两件事：一是乐极生悲；二是身体发肤受之父母，不敢毁伤。骨折这种事千万不要再来一次。

五彩缤纷的时光

陪　伴

顾　涵

它陪伴着我，已走过四个春秋。那一年，我闲着无聊，便在家附近的公园里走走。那时的它，还是一个乳臭未干的"孩子"，孤独地在园中小路上彷徨。就这样我们结下了不解之缘，从那以后，它成为我家的一员，我的伴友。

欢乐时的陪伴

我惬意地漫步在草地上，身后还有一个跟班——我家的长毛狗。忽然，前面闪出一个灰色的影子——一只野兔，我欣喜万分，一跺脚，"球球，快追！"它眼睛一亮，昂起头，竖起耳朵，一个激灵，便向我所指方向，风一般地跑去了，却扑了个空。瞧它那失落的模样，真是太可爱了，我朝它跑了过去。它见我跑来，便放弃目标，和我玩了起来……草地上，一个十岁的小女孩儿，一个半岁的狗狗，你追我，我追你，这情景，怎能不让人开心，让人羡慕呢？

痛苦时的陪伴

鞭炮连连，贺喜声声，红包鼓鼓。新年伊始，小伙伴们个个笑逐颜开、吃喝玩乐、无所不能。而此时的我，却躺在床上，正发着高烧，头晕目眩，头上敷着热毛巾，一点儿力气也没有。虽然盖着最保暖的羽绒被，但还是感觉冷。妈妈在外面招待客人，也无暇顾及我了。

外面鞭炮声中传来新年的欢歌笑语，屋里却是一片沉寂。我钻在被子里无助地流泪，想象着外面一幕幕欢乐的情形。这时，一阵清脆的铃铛声传来，是它，我家的球球来了。它用湿漉漉的鼻子拱了拱我露在被子外面的手，似乎在说："别哭，我来陪你玩！"我无力地摸了摸它的头，它靠我更近了。

孤独时的陪伴

半夜里，我忽然醒来，发现自己一个人睡在了小床上，而爸妈的床上却空无一人。咦！怎么回事！想起妈妈昨夜临睡时那苍白的面孔，我明白了。看着窗外漆黑的一片，我颤抖着打开灯，在这静悄悄的夜里，我又一次流下了眼泪。球球闻声赶来，依在床边，用头蹭着我，"小主人，别哭了，你妈妈生病了，爸爸陪妈妈去医院了，你要坚强啊！"是啊！看着球球，我的心渐渐平静了下来，与球球头靠着头，等着爸妈回来。

它是我最好的陪伴，与我一起走过四个春夏秋冬，无论欢乐、孤独，还是痛苦，我们一路相随。

房檐下的斑鸠窝

陈 真

老屋是二十世纪八十年代末期建造的，堂屋、厨房、厕所各一处，外加一个规模不大的庭院。院子里种植了许许多多的花草，夏天一到，花的味道出奇的浓郁，芳香四溢，不时还有诸多鸟儿前来"拈花惹草"，小院也算得上是鸟语花香之地。

前几个星期回农村老家，爷爷告诉我：老屋的房檐下竟然来了一窝斑鸠，目前小斑鸠已经出壳了。听到这个消息，我喜出望外地跑到老屋，去拜访一下这位新迁来的"邻居"。我轻轻地走到房檐下面，一抬头，就看到在那房檐深处，有一堆树枝，不用说，那是斑鸠的巢穴了。

这时，巢穴中的斑鸠低头看了看我这位"不速之客"，可能它是对我的来临感到畏惧吧？它"咕咕咕咕"地叫了几声，好像在向我示威，让我远离它的巢穴，生怕我对它的孩子们不利。我站在远处，纹丝不动，或许它又看我不像是为恶之人，便松懈了戒备之心，悉心地照顾着它的幼儿。突然，天空中不知从哪儿又飞回一只斑鸠，降落在斑鸠窝不远的窗户上面，我猜测，它必定是来"接班"的。

我静静地观察着这只斑鸠，相比较窝里的斑鸠而言，它的个头不算太大，胸前还有褐色的羽毛，一对翅膀上则是黑、褐、白三种颜色相间分布，应该是一只雌性斑鸠。

我怕打扰到房檐上"幸福的一家"，就走出家门，来到村里杨河旁的一片小树林里。这片树林原来是村里最大的林地，居住在这里的鸟儿种类繁多。到了初夏时节，大量的白头翁、黄鹂、啄木鸟、麻雀、喜鹊都热衷于这里修窝筑巢。天气晴朗的下午，我一个人钻进小树林里，倾听它们愉悦的歌声。它们生活在一起，很和谐。但也会有一些"小插曲"，不时会有"大块头"仗着体格庞大，欺负那些小鸟儿甚至霸占它们的巢穴。而如今，林地的面积已经缩减得只有原来的三分之一，林子里的鸟儿也都被机器的轰鸣声吓得魂飞魄散，携着子女逃难去了。热闹的林子里，缺少了鸟儿的欢声笑语，倒显得单调寂寥了。

刚刚房檐下的那窝斑鸠或许就是那里的"难民"吧？它们已经找不到适合定居的树林了，只好在"最危难"的地方——人类的家里修筑巢穴，过着寄人篱下的生活。我有时真的好担心，担心随着城市化的推进，农村的房屋都建设得像城市中的一样，用钢筋水泥浇筑得严严实实，那些可怜的斑鸠又将飞到哪里去呢？我们的后代会不会只能从书上才能了解到有关"斑鸠"的知识呢？

日　落

白雨婷

日落，是天边上演的最壮观、最决绝的美。

在地平线上，太阳正散发着最后一点余晖，周围是一片灿烂的金色。天空失去了湛蓝的颜色，只留下一片辉煌。云成了金色的丝缕，在金海中晃荡。仿佛哪个画家调出最淡的金色，随意在画布上泼洒，画出一幅优美而温暖的画。

不一会儿，太阳突然变得红艳，周围的云像是有火映着，显现出大片的玫瑰金色。那真是绚烂的颜色。黄昏时还让人感到温暖。天边卷起层层浪花，掩盖了整个天空，将所有的影子拽得很长很长，最终给整个地面涂上一层绚烂。一时间天地间再无其他颜色，只剩下阳光肆意地涂抹着金色，越来越浓，让人不由得为这种壮观而感到震撼。心渐渐空了、头脑渐渐静了、人渐渐醉了——为这只有自然能创造出的美丽。

在光明与黑暗交汇的一瞬间，自然创造出了最壮观的景象：在暗金的幕布前，太阳和云统统着了火，将余下的光热洒向大地。再加上一抹玫瑰色，一抹暗紫色，几丝粉红色，在那样的苍穹下，万物似乎停止了一切动作。太阳挥洒完最后一点光热，悄悄地没入了地平线，还带着对黎明的期待。花朵上，随着蝴蝶的飞离与花瓣的轻颤，金色的光影慢慢消失。黑暗从天边爬了上来，一层一层渲染开来。五光十色的霓虹灯陆续亮起，带来一片辉煌……

当一丝金色开始在天边蔓延，当太阳逐渐接近地平线，当云朵开始微卷，你，愿意看一次日落吗？

五彩缤纷的时光

两 元 钱

刘　浩

　　星期六下午，我和爸爸在校门口等高三的姐姐放学。太阳很足，有很多人躲到了树下的阴凉处。

　　我远远看见一个中年男子推着一辆手推车走过来，车上坐着他的父亲，他的父亲好像半身不遂的样子。男子为养家糊口，在车上放了许多矿泉水，在各个大街上售卖。我已经遇见过他好几次了，虽然他的衣着朴素，但干净整洁，当时正是烈日当空，汗水浸湿了他的衣服，可是他仍然满面笑容。

　　一位学生的家长，一口气在那里为他的孩子和他的朋友买了九瓶水，每瓶水两元钱，那位家长给了他二十元，"剩下的那两元钱，就不用找了，给你吧。"可中年男子却并不像我想象的那样收了两元钱，而是微笑着说："不用不用，该是多少钱就是多少钱。虽然我的父亲有病，但日子还可以，更重要的是我想带生病的父亲出来散心。"
他很快拿出了两元钱，递给了那位家长。他的父亲坐在车
上，露出了欣慰的笑容。那位家长愣了一下说："那我再
拿一瓶水吧。"

　　我在一旁听得清清楚楚，这让我对他肃然起敬。每个
人都是有尊严的，或许他刚才的举动只是日常的小事。他
的举动让他的父亲很开心，堆满皱纹的脸上绽开满意的笑
容。因为这两元钱是他尊严的体现，他靠劳动挣钱，而不
是靠别人的怜悯。

　　我和爸爸也过去买了三瓶矿泉水，当男子把水递过来
之前，还仔细地用毛巾擦拭了一遍才递给我们，这一举动
让我们更加尊敬他。我在心里默默祝福他，可是祝福他什
么呢？他现在就活得很开心很知足啊！

我 的 母 亲

沈转安

想到母亲，脑海里就浮现一个词语——坚韧。

她的背总是挺得直直的，时光揉皱了她年轻的容颜，细长的、短小的、繁杂的皱纹一道道地爬上她那不苟言笑的脸，让人不禁暗叹岁月无情！

父亲身体不好，自从嫁给了父亲，母亲就犹如苍松一般，屹立、挺拔。任凭生活中有多少风霜，依然压不垮她。

那一次，在乡下，台风疯狂地抽打着我们祖祖辈辈生活的旧房子，那长满苔藓、爬满蕨类植物的风烛残年的旧墙，终于禁受不住风狂雨暴，在一连串的悲鸣声中轰然倒塌。一霎时，鸡飞狗跳，一地鸡毛。

那时候，父亲还躺在医院里，母亲不忍父亲担忧，瞒着父亲。

我忘不了母亲留给我的那幅画：她的长发杂乱地遮住了双眼，任凭我极目张望，竭力穿透母亲的长发读懂她的神容，却依然看不清。我只看见，母亲紧紧地攥着手中的钱，如同攥着一把救命的稻草，颤抖着声音，低声地告诉我："囡囡啊……囡囡啊……不能跟你爸爸讲啊。"

那年代，我们家很贫困，请不起帮工。母亲独自一人，从镇上挑了水泥、板砖，在少有的几个亲戚的帮助下，自己动手，修建房舍，我不知道母亲费尽多少心血，花费了多少力气，耗尽了多少唇舌，才把这坍塌的房子修缮完成的。

对于一个女人，一个缺钱的女人，这不仅是事情，而是大事情，是天大的事情。这对母亲而言，不亚于一场灾难。但母亲终于还是瞒住了父亲，一个人挺了过来。

那时的我，还穿着开裆裤，流着鼻涕，在与邻家孩子做着过家家这般无趣的游戏呢，浑然不知家庭的困难。长大后，当母亲对我说起此事时，我似乎明白了。

母亲，不管在什么时候都是这样，一个人扛起所有的事情，大的小的。一声不吭，将苦难磨成一点点碎末，独自吞咽。

多亏她，我的童年才一片欢声笑语。

而今总觉得，时间于我来说，是一头吃人不吐骨头的猛兽。我无法披甲执剑，与它宣战，只能随波逐流，做一个被它所豢养之人，苟延残喘，过完短暂的生命。我惧怕它，惧怕与它赤手空拳地战斗。而时间于我的母亲来说，却只是一只终将失败的猛兽，母亲是一名最好的猎人，狠利地拔去这头猛兽的獠牙，在岁月的流光中，活得光光彩彩。母亲没什么文化，但对事情却有着独到一面的见解，把所有事情剖析得透透彻彻、清清楚楚。母亲不安于现状，她以她的言行极力鞭挞着我，告诉我如何在这个社会上更好地立足。

想着母亲的点点滴滴，我脸上热热的。母亲，女儿长大了。

家有小妹初长成

查睿妹

说起我的妹妹，那是又爱又恨，将自私、霸道、娇气等词语全用她身上也不为过。我私下给她起了一个外号——家庭霸主。你永远不要和她争任何物品，更别谈争她爱吃的菜，凡是她所想的，你就得别无选择地给她。不然就给你下马威：一哭二闹三告状。唉，苦啊！

假期开学的前一天，奶奶"大摆筵席"为我"饯行"，因为我要住校了。奶奶买了武昌鱼、本地虾，包了三鲜馅饺子，杀了芦花鸡，还带回了我的最爱——鲜榨椰汁，说是以"汁"代酒。开饭了，看着色香味俱全的土鸡肉，我迫不及待地夹了几块放到碗里。妹妹见状沉下脸色，大哭起来，"姐姐快把鸡肉吃完了……"她的筷子已扔到了地上，这种情形早已司空见惯。唉，我要"远走高飞"了，她是依然如故，"痴心不改"呀！

紧张的一个月，难熬的一个月，思念的一个月。

国庆节到了，该回家看望疼我的奶奶了。我按了门铃，百感交集：我想敬爱的奶奶，亲爱的妈妈，我想妈妈煲的汤，奶奶做的菜，我在梦中是飞回的，乐得整个楼房像我的心一样晃悠悠的，可就不想见妹妹，一点儿也不想。

开门的竟然是妹妹！

"姐姐好！姐姐回家喽……"妹妹小跑着去向奶奶报喜。我着实对眼前的一幕感到疑惑。

"姐姐，天气热，喝口水吧。"我还没来得及说声谢，她已双手将水递到了我手上。这哪是水呀，这是蜜，比蜜还要甜！

餐桌上，妹妹把喜欢吃的菜推向了我这边，还振振有词地说："老师要我们饮食要荤素搭配，我偏胖，要补素，你偏瘦，要补荤……"说完还扮个鬼脸。这哪里是胖呀瘦呀，明明就是礼让。我暗暗地为妹妹的变化而高兴。奶奶在一旁笑得合不拢嘴，"我家的小孙女自从上了一年级，长大了，懂事了，知道谦让了，棒棒的。"两个大拇指伸到了妹妹跟前。"嘿嘿，多谢奶奶鼓励！"妹妹勾了勾嘴角，谦逊地笑了。妹妹又指着妈妈买的《礼貌歌》背了起来："小孩子，懂礼貌，见了长辈问个好……"稚嫩的声音在屋子里荡漾。

真没想到，短短的一个月，妹妹的变化竟如此之大。看，她正在帮妈妈洗碗呢。

士别三日，当刮目相看，这么说，我真要重新认识一下妹妹啊！

暖和的冬天

李丽雪

妈妈站起身来，一边放下手中的东西一边叮嘱我道：天气预报说今天有小到中雪，你注意点儿，别感冒了。在学校不比在家，感冒了，也只有自己照顾自己。

我听着妈妈的啰唆，不耐烦地催她快回家吧，妈妈不但没生气，还笑着摸摸我的脑袋，转过身，走下车去。车子正欲启动，妈妈忽然转过身来，慌慌张张地丢过一袋东西，便跌跌撞撞地走下车去。我回头一看，妈妈还站在原处，不停地朝我挥着手了。外面的风非常大，妈妈那好看的发型此时已不成样了，随着狂风恣意地飞舞着。我的心不禁猛地抽搐了一下，有一种咸咸的液体滑过脸颊。

怕别人看见，也怕别人笑话，我忙转过脸，默默地打开妈妈刚刚扔过来的东西。噢，是一条围巾，我翻了翻，角落里还有一双手套。我拿起手套，竟从里面滑落出一张小纸条，妈妈那娟秀的字迹映入眼帘——天冷了，注意身体。

外面的天虽然阴阴的，还呼呼地刮着风，但妈妈的这句话如那春日里的一道阳光，使我全身温暖无比。

这不禁让我想起了去年冬天的那一场景：我在忙着写作业，妈妈突然走过来，坐在我身边，抬起头，发现妈妈正满眼慈爱地望着我。沉默了半晌，妈妈突然说："你冷不冷，我给你拿个电暖器来吧！"我忙点点头。

不久，妈妈急忙忙地过来，只见她手中拿着个红色包裹，右手提个电暖器。我正欲脱掉鞋子，母亲却抢先了一步，小心翼翼地帮我脱下鞋子，又将它放到电暖器上。之后，又将那包裹递与我："拿着吧！为了你做作业拿着方便，我将热水袋缝在了里面。应该不冷了。"看着我不冷了，妈妈才满心欢喜地离开。

我的眼泪再也控制不住了，旁若无人地流下来。

看着车窗外，雪纷纷扬扬地飘着，寒风疯狂地席卷着大地，路上的行人东倒西歪。我戴上母亲编织的手套，全身暖洋洋的。因为有了母亲的爱，我感到冬天也是那么暖和。

假如我是一盏灯

张涵之

假如我是一盏灯，我愿做一盏路灯。当万籁俱寂、灯火阑珊时，我会站在城市最黑暗的街角，为晚归的路人照亮道路、带来安全感。我相信，当人们拖着疲惫不堪的脚步在黑暗中行走，我能给他们带来光明、带来温暖。

假如我是一盏灯，我愿成为一盏台灯。我愿被孩子放在书桌上，看他在灯下孜孜不倦地学习。当他在知识的海洋里遨游，我希望做他的同伴，陪伴他从书本中汲取知识、明白道理。当他捧回一张张成绩优异的试卷时，我也会由衷地为他感到高兴、感到自豪。

假如我是一盏灯，我愿身处贫困山区的学校。当孩子们挤在小而破旧的教室里聚精会神地听课，我会用我的光照亮他们的课本，照亮教室里残破的黑板，照亮那一张张天真无邪、写满求知欲的小脸和那一双双注视着老师的黑眼睛。他们在我明亮的灯光下，会学得更轻松、更愉快。

假如我是一盏灯，我愿回到二十世纪做一支蜡烛。我愿在风雪中陪伴那个卖火柴的小女孩儿，用我微弱的火苗温暖她的身体、她的心灵。她那美丽的蓝色大眼睛里定会映出两团小小的火焰，那是希望的光芒，是爱的火焰在熊熊燃烧。我虽然只是一支蜡烛，不是温暖的壁炉，我仍然愿意用我的光明，照亮她的黑夜；用自己的热量，温暖她的严冬。

假如我是一盏灯，我愿做那海边的灯塔。当海上狂风大作、暴雨倾盆，当巨浪猛烈地拍打岸边的礁石时，我会坚强地屹立，用自己的光亮指引迷途的航船。当那些在风暴中颠簸挣扎、早已筋疲力尽的水手看见我的亮光时，就知道自己已经临近岸边，马上就可以驶入港湾，登上陆地，回到自己温暖的家了。我愿成为一座灯塔，为海上漂泊的人们带来希望。

如果，我是一盏灯，我要为这个世界照亮一片黑暗，温暖一阵寒冷，点燃一线希望。那时，我便可以自豪地对世界宣布，我在这世上，是付出过的，做过一些贡献的！

春 之 歌

李毅然

听，哪来的声音，是山泉的涓涓细流，还是瀑布的一泻千里？冰雪精灵回家春眠了，淘气的水孩子扑腾扑腾冒着气泡，似乎在狂欢，奏响一曲美妙的音乐。"叮叮"，是铜铃的摇摆声，"咚咚"，是大鼓的敲打声……它们欢送走了冬天，激情万分地迎接了春天这个奇妙的音乐家。

侧耳倾听，去寻觅歌声。

把头抬起来吧！天空已经抛下了美丽的蓝绸，偶尔瞧见，这条湛蓝的"天河"绣上了几只小鸟，它们不停地扇动翅膀，蹭着小脚丫，喃喃自语，吟唱着春孩子教给它们的叽喳歌，按照她的吩咐，在街道上空，在青青的草地和澄澈的湖面上盘旋，分享着春天的喜悦。瞧瞧，那娇小的身影，在棉花糖似的白云姐姐身前掠过，忽隐忽现，鸟儿就像小仙子般，在云层间玩耍跳跃。

　　风儿带来了春的生命，捎来了绿的画笔，在耀眼的阳光下，呼呼——吹着响亮的口哨，吹出了温暖的气息，又吹起了生命的起点，划起了风的波浪，细雨般的声音，拂过千万个生灵，带来了春的生机。

　　甘甜的露珠，也是那么淘气，在白玉般的铃兰花苞头玩起了倒挂金钩，透彻中，带着微微的生命力，不知何时，它会翻一个跟头，在空气中划过一条美丽的弧线，接着，融入新鲜的泥土里。露珠还是那么怀念这个世界，微风拂来，它就摇动着肥胖的身体，一秒又一秒，终于，"咚"的一声落了下来，把自己奉献给了这层肥沃的泥土。

　　青绿色的叶子也在摇晃着身子，悬在梢头，等待着黎明，那是一轮带着希望的红日。

对　话

郑佳琪

　　"啪"的一声，老妈愤怒地一下把电脑的电源线拔掉，大声训斥道："你看看你，吃着零食，玩着电脑，过得比神仙还舒坦！一天到晚无所事事，你成绩都差成什么样了！"

　　妈妈越说越气愤，我的忍耐也到了极点，"砰"的一摔门，把自己反锁在房间里，任由妈妈在门外狂轰滥炸。

　　一连好几天，我和妈妈谁也不理谁，各自干着各自的事情，把对方当作空气一样，家中的气氛安静得可怕，时间也仿佛跟静止了一样。我和妈妈都没有主动去和解，就这样一直僵持着。

　　紧张的考试结束了，从来都没有这么难受过，一半是因为少得可怜的分数，一半是因为与妈妈那场未完的争吵。很想去和妈妈沟通一下，可是我与妈妈都是急脾气的人，也许聊不了几句，又会不欢而散。

实在受不了家里的气氛，我决定不管结果如何，都要尝试和妈妈对话。

我怀着忐忑的心情到了妈妈的房间门口，手颤颤巍巍地敲妈妈的门，敲了好几次都没有回应。"这次妈妈真的生气了，我该怎么办？"又敲了不知道多少次，在我坚持不懈的努力下，妈妈终于肯接见我了。

我战战兢兢地对她说："妈妈，我们好好聊聊吧！"

妈妈怪声怪气地说："有什么好聊的？我对你的关心你都不当回事，我很寒心。"

我无言以对，满怀愧疚地看着妈妈。

我鼓起勇气对妈妈说："对不起，妈妈，我知道都是我不懂事，惹您生气了，我以后一定刻苦学习，不辜负您的期望。"

渐渐地，妈妈的脸变得不再那么严肃，说话的语气，也不再那么严厉。

妈妈语重心长地对我说："妈妈气的不是你的成绩，而是你的学习态度，没有好的态度，怎么会取得成功呢？我不求你考多高的分数，只希望你有一个积极向上的人生状态。"

我眼泪汪汪地看着妈妈说："谢谢您，我知道您都为我好，我会改正的。"妈妈欣慰地看着我。

对话成功了！我学会了如何与妈妈沟通，争吵解决不了问题，要学会对话，懂得沟通。

我要发表作文

安书民

我忘不了那次写的作文。那次的作文题目是"我的老师"。我在课堂上写了划，划了写，绞尽脑汁，仍然没能像其他同学一样当堂完成，最后不得不在课下胡乱拼凑了几字应景了事。而我身边的五六个同学，他们的《我的老师》不久就在报纸上发表了。我羡慕起来，心想，我的作文怎样才能发表呢？

过了一段时间，老师让大家周末在家里写一篇作文，要求所写的事情必须是对自己的内心有所触动的、真实的。我认认真真地写，工工整整地抄，期盼这次的能发表。可没想到，我又失败了——老师说，虽然写的是真事儿，可是给读者的感觉还是太假……

我便修改后再交给老师，但是，第一次，第二次，第三次……次次都被老师点评后"退回重写"。

我想到了"笨鸟先飞"。我必须承认，自己在写作方面是一只笨鸟，那我就应该比别人更加努力，更能吃苦。于是，我写了改，改了写……屡战屡败，又屡败屡战。老师告诉我，如果你想赶上他们，一定要加强阅读，加强背诵……

于是，当同学们课间放松休息时，他们会看到我面对一本书静静地发呆；回到宿舍入睡前，我会走进散文名家的世界，观赏那曾让他们动情的风景；吃饭排队时，我也会让小说中的人物陪伴我；语文早读时间，我更是读得感天动地……

我有一篇作文在改了十五六遍之后，终于发表了，这是我发表的第一篇文章。

这一次的成功，更燃起了我的热情，第二篇发表的作文我投稿前改了六遍，第三篇因为选材非常好，只改了两遍就发表了。

以前，我不会选材，现在，我打开了生活的大门，发现里边的材料无穷无尽；以前，我不懂构思，现在，每写一篇作文，我都会把最吸引人眼球的放在开头，而把最震撼人心的放在结尾；以前，我不擅长细节描写，现在，我能让笔下的人物活灵活现。

现在，我坚持平日里挤时间读名著，写随笔，还是有作文不时发表。

流泪的老奶奶

贾平安

公交车颠簸着，我感到有些疲惫，扭头看看妈妈，妈妈会意地笑着，说："到家还早，先睡一觉吧！"我把头倚在了妈妈的肩上，渐渐睡着了。半晌，我蒙蒙眬眬地睁开了眼，发觉妈妈的头轻搭在我头上，我们就这样幸福地依偎着。

对面坐着的是一位白发苍苍的老奶奶，瘦削的脸上满是凄凉，眼角镌刻着深深的皱纹。

我轻轻抬起了头。"睡够了？"妈妈的语气一贯慈爱。我点点头，伸了个懒腰。不经意间，我忽然看到老奶奶眼里竟含着泪。她注视着我们，不时地用手帕轻轻擦拭着眼睛。妈妈关心地问："您怎么了？有什么伤心事吗？"老奶奶不说话，过了一会儿才说："看到你儿子，我想到了我儿子，现在，只想他能回家看看我……"她说着，泪水涌了出来。"您儿子是工作太忙吗？现在年轻人都太忙了……"妈妈试图安慰她。"他老长时间没回来看我了，打电话也只有几句话……"老奶奶嘴唇微微颤抖着，泪水又一次溢出了眼眶。

这让我想起了我的姥姥。

小时候，我是一直住在姥姥家里的。记得姥姥经常会望着墙上的那张全家福，唉声叹气，嘴里不住地念叨着："真想孩子们啊……"

当时我还小，不知道姥姥是多么想念我的爸爸、妈妈，只觉得家里没有爸爸、妈妈不好玩。那次通电话，我从姥姥手里抢过来电话，冲着电话就喊："爸爸、妈妈快回来啊，我好想你们，回来陪我玩啊！"姥姥在一旁默默地抹着眼泪。

下车的时候，我在车门口又转头看了看那位老奶奶，她仍旧看着我，眼里还是泛着泪光。我和妈妈下了车，老奶奶那痛苦的表情，那思念儿子的泪水，却在我眼前挥之不去——我下定决心，长大后绝不会让我的妈妈遭受思念儿子的煎熬。

妈妈的智慧

张振华

　　智慧是人类思考的结晶，它引导人们从原始走向现代，从落后走向文明。智慧是公平的，它为勤奋苦学的人开拓出一片蓝天；智慧是友善的，它为徘徊低迷的人提供舒缓心田的一汪清泉；然而智慧更是美丽的，为人生打下了最亮丽的底色。

　　在我心目中，我认为妈妈不仅养育了我，她还是世界上最有智慧的人，是妈妈教我认识了生活，正确对待人生。

　　在我很小的时候，妈妈就经常教育我，让我尊敬长辈，对待事情要不慌不忙，稳稳当当。然而我没有领悟了妈妈的教导，直到那一次。

　　那一次，我认识了妈妈的智慧，让我心服口服地听从妈妈的教诲。那一次一直保持前三名的我一下子成绩下滑严重，拖着疲惫而又失落的身躯回到家中，得知了实情的妈妈一脸平静，什么话也没有说，而是拉着我的手来到棉花地里，指着眼前的棉花问我："两株棉花养分、材料都一样，你说我把其中一株掐掉顶端，那么哪株会长得更好？"我不假思索地回答："没有被掐的长得好。"妈妈默默转身离开，我对妈妈的做法十分不解，这谈不上智慧，甚至还有些愚笨。一星期过后，妈妈再次把我领到那片棉花地，我惊奇地发现被掐了顶部的棉花竟然长得十分茂盛，另一株则相反，除了海拔高之外什么也没有。这时，妈妈又语重心长地说道："儿子，妈妈并不是想责怪你什么，学习是自己的事，你要学会一步一个脚印。你看这株高棉花，被眼前的困惑迷住了双眼，只顾一个劲儿地长，肚子里却没有一粒种子。你要学另一株，历经艰难，踏踏实实。妈妈相信你一定可以成功！"

妈妈说每句话的声音都不高，但却声声入耳，震撼了我的心！望着妈妈那双充满期待的双眼，我的心如刀割……从那以后，我按照妈妈的话，踏实、平和、勇敢地去做。经过一段时间的奋战，我又重归"王座"。老师让我发表感想，我说："是妈妈的智慧帮助了我，她教会了我用平和的心态去面对每件事情，感谢妈妈！"

妈妈虽只是一个农妇，但她却用最质朴的话教育孩子，用最简单的事物启发孩子，感谢妈妈，她用美丽的智慧引领我走向成功。

亮　色

葛　畅

秋日的傍晚，天空堆积着阴郁的云，显得昏沉沉的。

我费力地挤出校门口的人群，推着自行车走在老城区。雨刚停，老城区不甚平整的路上积了一洼又一洼的雨水，这时车又坏了，我的心似那乌云般抑郁沉重。

踮着脚尖躲着水洼，左拐右拐地推着车，忽然，一股甘醇的清香传来，我停下脚步，走进了这家飘着香味的小吃店。店铺不大，却十分干净整洁，墙刷成米色，枣红色的方木桌透着古朴，在这脏乱不堪的雨后老街中显得分外宁静。

不一会儿，店主大伯笑眯眯地端着碗热气腾腾的豆腐脑儿摆到我桌前。雪白的豆腐脑儿在浓郁的汤汁中微微地颤着，几星翠绿的葱花点缀在上面，一把瓷白色的勺子嵌着青蓝的边，安详地斜倚在碗边，光是看着也令人垂涎三尺了。

抿一口温热的豆腐脑，暖意顺着食道流遍全身，慢慢地焐热了我原本冷落的心情。

雨天，店里客少，大伯拿起扫帚，弓下腰，缓慢地挪动着步伐，清扫门口。扫到了我的车边，许是看见了拖在地上的车链，他直起身，露出一个温暖的微笑："孩子，你这车坏了咋回去呀，下雨天也不容易推去修，要不我帮你拾掇拾掇吧。"我感激地点了点头。

他用两只有力的手拎起自行车，将车轮朝上，然后小心翼翼地放在地上，弯下腰，蹲在车前，捋起两只袖口，用一块沾了水的抹布轻轻揩去车轴上肮脏的泥泞，边转动着踏板，边观察着车链的变化……

那一刻，大伯和善的笑容，米色的麻布围裙，微胖的身躯，混合着那甘醇、温热的豆腐脑一起刷亮了我在阴雨天里的心情。

"好了！"大伯擦了擦额头的汗水，爽朗地一笑。由于长时间弯腰，他直起背时的动作也是缓缓的。

此刻，夕阳冲破了重重乌云，一束亮光刚好照在他的脸颊，染上了一抹金黄的亮色。

那把旧藤椅

张　莺

　　笔尖动个不停，无尽的题海中并没有所谓的畅游，只有无尽的枯燥和压力，父母的期盼与唠叨接踵而至，烦闷至极。扔下笔，笔杆与书桌碰撞发出愤慨的声响。我走向那把旧藤椅，软软地躺下。年代已久远的藤椅，原本鲜亮的褐色经岁月的侵蚀变成了棕灰色。

　　回忆又将我带回到了那段属于藤椅的岁月。

　　黎明时分，爷爷却早已起来了。"老头子，多穿点儿衣服。"奶奶细心叮嘱着，爷爷含糊答应着便扛起锄头走向了无际的田野。院中的藤椅泛着青色。

　　奶奶倚着门边眯着眼凝望远方，直到爷爷的身影彻底消失在弥漫的晨雾中。此时，我却早已霸占了爷爷的藤椅。奶奶端来一杯香茶，丝丝缕缕的花香裹挟着浓郁的茶香袭面而来，不禁闭上眼猛吸一口气，任由晨光肆意地洒满全身。藤椅也微微沾了些嫩黄色。

奶奶又开始驻足凝望，满是金黄的田野上出现一个小黑点，渐渐放大，爷爷回来了。

奶奶笑意盈盈地又端来一杯香茶，橘黄色的阳光落在茶里，迸发出钻石般的声响。也将茶香晕染开来，渐渐氤氲了整个小院。

夕阳下，两个身影夹着一个小小的影子，藤椅也被渲染成橘黄色。

搬到城里后，喧嚣的生活淹没了平静，唯有那藤椅不急不躁地守在那里。

如今坐在这把藤椅上，依旧有暖橙色的夕阳，有温暖的记忆萦绕，不觉眼前又重现那片亮色。

快乐就这么简单

朱妍玥

杭州夏天的天气向来说变就变，上一秒还是风和日丽，下一秒就是黑云压顶了。然而，这糟糕的天气，仍然难以抹去我心头的喜悦之情和我脸上的笑容。

几个小时前，我顶着毒辣的太阳从上课的地方往家里赶。一边皱着眉头、眯着眼睛诅咒着这该死的天气，一边期待着家里空调吹出的阵阵凉风。

炎炎夏日，像只撵兔子的猎狗一般，把街上的人通通逼回了他们的小窝里。不经意间，一个身影落入我的视野中——那是一位骑着三轮车的老人。这不是一个能让人轻易忘记的场景。这个老人穿着一件破旧的白汗衫，衬得他那干瘪的皮肤愈加黝黑。原本干燥的皮肤早已被汗水打湿，原本应该湿润的嘴唇却早已被烈日晒干。他的身子像一只虾一样极力向前弓着，费力地踩着一辆吱吱作响的三轮车，拖着车上堆得像座小城堡一样的藤桌藤椅——这些可能就是他的全部家当了。

这样一个瘦弱的老人，却要拉动这么多东西。也许我该帮他推一把，我想着，手上的动作却已经将"也许"二字去掉，我开始帮着老人推车。一滴滴汗水从我的脖子上滑落，不一会儿我的后背就透湿了，但这并没有阻碍我的行动。我帮老人推车一直到他的家门口。因为有后面小山似的货物，老人直到那时才发现了我，而我已回身再次走上了回家的路。走出去一段路，我忍不住回头看了看，却惊奇地发现老人仍然在远远地向我挥着手——他就一直一直那样向我无声地道谢，直到我消失在他的视线内。

就是这挥手让我开心了一整天，那是我头一次体会到快乐从心中满溢出来的感觉。快乐这东西其实就藏在生活中，但它需要你像寻宝者一样，拥有一双善于发现的眼睛，并且为之付出行动。

帮助别人有时只是举手之劳，只是不经意间替他人做一件不起眼的小事，甚至是顺手帮个普通得不能再普通的小忙。然而，它给你带来的快乐，比你的付出要多得多。有时候，快乐就这么简单。

灰色里的五彩时光

胡怡蕾

每当经过这条小巷，总是会不经意地微微侧过头，看看这一幢幢的灰色建筑，心里总是有难以言表的骄傲。

每周五天，看似那么长，其实又那么短，每天清晨，背着书包走进校门，傍晚时分，又背着书包跨出校门。不变的是一天天重复着的动作。

晨语，是校门口迎接老师的问好，是班级里对同学的问候。在长长的阶梯上，总是会听到少许的读书声，渐渐地，人齐了，读书声越来越大，静静地站在窗前，细细地聆听从窗缝流出的读书声，那么整齐，那么响亮，是灵魂迸发出来的声音，是宣告一天美好的校园生活开始的声音。

早操，带给了同学们活力。伴随着入场音乐，一列列整齐的队伍站立在操场上，面对着石碑上刻着的"启智正德"，每位同学都打起了精神，随着早操音乐开始锻炼。而对于跑操，从主席台上看，就像自行车的链条，有秩序有规律地转动着，十分美丽。经过一片小小的草地，在这里，新添了一块石头，上面刻着"启智正德"，我想，这与主席台前的那块石碑，意义是一样的，都为了让同学们牢记校训，做一个讲文明的启正人。

望望天台吧，上面是一片充满生机的绿色，望望小小的花丛吧，里面是一片绚烂的五颜六色，望望这带有古典韵味的教学大楼吧，它灰色的身躯里容纳的是校园中最美好的学习气氛，最多彩的生活。

悄悄地，白天就要过去了，有的教室里还亮着灯，稀稀落落的人，三三两两出了校门。夜色下的灰色建筑是宁静的一片。

这灰色的建筑陪伴着我们度过了一个又一个学期，它送走了一批又一批的学哥学姐，迎来了一批又一批的学弟学妹，时间在一分一秒地流逝着，人和事在不停地运转着，我对母校的那份情谊，将永远保存在记忆里，不会消失。

于是，将微微侧过的头转回，揣着那份骄傲，向着小巷的尽头走去。

你

王　恋

你的出现，照亮了我们那段灰色的生活。

秋风拂过，带走小巷的最后一片落叶，也带走了我生命中的色彩。妈妈说，爸爸离开了。我看着妈妈日益消瘦的脸庞，心想，爸爸应该去了很远的地方吧。年幼的我望着茶饭不思的妈妈，只能拍拍她，小心翼翼地说："妈妈，你别担心，爸爸会回来的。"妈妈依旧沉默，只紧紧拥我入怀，生怕一松手，我也远去。那段时间，眼中仿佛只剩下了灰色。

不知何时，你开始出现在我们身边。妈妈已渐渐荒废的理发店在你的打理下重新出现生机，妈妈憔悴的面容也开始显露出笑容，饭前也总有你在厨房忙碌的身影。

这一天，妈妈出去了，你来给我做饭。我坐在桌前静静地看着，你戴着妈妈的小围裙显得很是可爱，洗菜、切菜、炒菜，有条不紊地进行着，一道又一道菜出锅了，许是被我的目光盯得不自在了，你尴尬地对着我笑了笑，开始与我搭话。你说你并不擅长做饭，我却不信，瞧着你娴熟的动作，怎会是才学做饭的新手？可是就在你捋起袖子的瞬间，我却看到你手臂上被油烫伤的痕迹。那日渐娴熟的身影为我昏暗的生活添上了几抹色彩。

后来啊，你带我们出去玩。细心的你早已做好功课，向我们介绍着一个个景点，仿佛你本就是我们的导游。爬山的时候，只见你满头大汗，一个人背着包，静静地跟在后面，没有一句抱怨。还时不时问我们需要什么。我打开包来看，从水到零食，从餐巾纸到毛巾，只要一切可能需要的，你都准备好了。望着眼前这个比妈妈还贴心的你，我竟找不到什么词来形容。那嘘寒问暖的体贴为我们的生活又重刷上亮色。

如今的你，已是我的爸爸。温暖依旧，那段灰色的岁月，感激有你。

你的出现，照亮了我们的生活。

海 洋 危 亡

朱宇韬

大海，生命之源。是大海孕育了生命，是大海养育了一代又一代的人。

茫远的大海，是蔚蓝色的，凝望久了，会大吃一惊。仿佛整个人都要被那无边无涯的湛蓝吸进去。

远处的天空中，有几只白色的海鸥在水面滑翔，偶尔会扑腾着翅膀，在水面上掠过。海浪轻拍着沙滩，水花化成一朵朵白色的泡沫，无声地渗入沙中。不时会有几只小潮蟹挥舞着它的螯从一个小洞横行到另一个小洞。大海，给予了多少动物生存的空间，让它们遨游在海水之中。这些动物，也是海洋的一部分。

大海对人们是无私的。它不仅给予人类生命，还将食物、资源赠予人们。但人们从来没有节制，不停地向大海索要，何曾想到过回报？大鱼被捕完了，就再将小鱼捕尽。最后，捕到一个鱼群绝种，就再换下一个鱼群。海洋生物的急剧减少，很大程度上与人类的滥捕乱杀有关。

海中的垃圾也越来越多。海洋那么大，扔这么点儿垃圾没关系吧。在这种心理的驱使下，海面上多了多少"新陆地"，那些漂浮的塑料制品，如果被鱼不小心吞食，将无法消化，一直残留在体内，最后终将导致鱼的死亡。海洋中，有多少不幸的鱼儿，因误食人类的垃圾而亡！

人在海洋面前，始终是渺小的。海洋会发出它的愤怒，用泛着油沫、带着垃圾的浪，卷翻船只。当海洋自身环境被破坏，存活在海洋中的生命也难逃灭顶之灾。而那泡着鱼类死尸的水，也将进入人类生活，最后的受害者就是最初的破坏者。

人类对海洋应持有崇高的敬意。海洋养活了我们，我们怎么忍心去破坏海洋？乌鸦尚知反哺，回报海洋才是我们应该做的。

生命的坚持

金　玥

家门口的墙角，有一张蜘蛛网。

我家的人都很讨厌昆虫，特别是蜘蛛。母亲认为它是一种秽不可言的动物，连打都不愿意打死，怕脏了自己的手，于是，蜘蛛网一次次地被捅掉，可蜘蛛又一次次地把网织起。我纳闷极了，蜘蛛怎么会有这么大的毅力，一次又一次地织起网？我便在蜘蛛旁，细细地观察这一切。

蜘蛛吐出一根细细的丝，飘向另一边。呀，没粘住！它又尝试着，吐出了不知多少根丝，终于有一根成功地沾到了墙的那头。接着，它便小心翼翼地沿着丝，攀到墙的那头，接着又重复刚才吐丝结网的工作。一张小小的蛛网，用了两个小时才织好。我的内心受到了震撼，它已经这样织了多少次？它是多么的伟大啊！

好吧，蜘蛛，我不得不要尊敬你了。

无数的生命，无数的坚持。

现在正是秋天，万物萧条，落叶纷飞。飒飒的秋风，摇荡着落叶，而它们并不屈服。

瞧，那棵大树，当无数的树叶已变黄，许多枝头已落叶，可它偏偏浑身碧绿，巍然屹立。

还有那朵花！其他的花早已被风吹下枝头，落入泥中化为灰土，而它仍傲立枝头，与秋风斗争着！

……

无数的生命坚持着，只为了生存，好好地活下去。我们人类不也如此吗？

我们奔跑在人生路上，永不停息，只为了完成自己的使命，而我们的使命，便是做到极致，做到最好，好好地，有价值地活着！